DESESTATIZAÇÃO DO DINHEIRO

UMA ANÁLISE DA TEORIA E PRÁTICA DAS MOEDAS SIMULTÂNEAS

Friedrich August Hayek

DESESTATIZAÇÃO DO DINHEIRO

UMA ANÁLISE DA TEORIA E PRÁTICA DAS MOEDAS SIMULTÂNEAS

2ª Edição

MISES BRASIL

INSTITUTO LIBERAL

Título original em inglês:
Denationalisation of Money

Editado por:
Instituto Ludwig von Mises Brasil
R. Iguatemi, 448, cj. 405 – Itaim Bibi
CEP: 01451-010, São Paulo – SP
Tel.: +55 11 3704-3782
Email: contato@mises.org.br
www.mises.org.br

Printed in Brazil / Impresso no Brasil
ISBN – 978-85-62816-24-6

2ª Edição

Traduzido para a lingual portuguesa por:
Heloísa Gonçalves Barbosa

Revisão para a nova ortografia:
Cristiano Fiori Chiocca

Imagens da capa:
Ludwig von Mises Institute

Projeto gráfico e Capa:
André Martins

Ficha catalográfica elaborada pelo bibliotecário
Sandro Brito – CRB8 – 7577
Revisor: *Pedro Anizio*

H417d Hayek, Friedrich A.
Desestatização do Dinheiro / Friedrich A. Hayek. --
São Paulo : Instituto Ludwig von Mises. Brasil, 2011.
p.166

Tradutor: Heloísa Gonçalves Barbosa

1. Moeda 2. Economia 3. Liberalismo
4. Política Monetária 5. Intervenção estatal I. Título.

CDU – 330.10

Os males desesperados são aliviados
com remédios desesperados
ou, então, não têm alívio.

William Shakespeare
(*Hamlet*, ato IV, cena III)

Sumário

Prefácio

Os *Hobart Papers* visam a contribuir para a compreensão da aplicabilidade do pensamento econômico às atividades privadas e governamentais com uma sucessão de análises competentes, independentes e lúcidas. Sua preocupação característica tem sido demonstrar o melhor emprego possível de recursos escassos no atendimento das preferências do consumidor e determinar até que ponto esses objetivos podem ser atingidos em mercados enquadrados na estrutura legal/institucional apropriada, instituída por governos ou por outras organizações.

Há muito – desde os pensadores clássicos do século XVIII – é crença comum entre os economistas o fato de que uma das mais importantes funções do governo é criar um mecanismo monetário e emitir dinheiro.[1] Têm ocorrido divergências entre economistas apenas em relação a até que ponto os governos têm desempenhado eficazmente esta função e em relação aos meios de aumentar ou diminuir o poder governamental sobre o suprimento monetário. Mas a proposição geral tem sido de que o governo deve exercer o controle da política monetária e de que cada país deve ter sua própria estrutura de unidades monetárias.

Essa proposição é agora questionada pelo Professor F.A. Hayek, que mergulha muito mais profundamente na exploração "um tanto assustadora" do desvio da proposição clássica que mencionara em *Choice in Currency*, Occasional Paper n.48, publicado em fevereiro de 1976.

Esse breve desenvolvimento do tema, que já serve para uma vasta gama de leitores, como base de uma melhor compreensão da natureza do dinheiro e de seu controle, deveria também oferecer estímulo ao estudante e sugerir preceitos ao político. De fato, o Professor Hayek demonstra que o dinheiro em nada difere de outros produtos primários e que seu abastecimento seria efetuado de maneira melhor por meio da competição entre emissores privados do que por meio de um monopólio governamental. Pondera, seguindo a tradição clássica de Adam Smith, mas referindo-se ao século XX, que o dinheiro não constitui uma exceção à regra de que, quando se trata de produzir resultados práticos, o interesse próprio é uma motivação superior à benevolência.

[1] Na segunda edição, o Professor Hayek observa que esta não estava entre as obrigações que Adam Smith considerava serem do estado (p. 24).

As vantagens que o Professor Hayek reivindica para as moedas competitivas não são apenas no sentido de que retirariam das mãos dos governos o poder de inflacionar a oferta monetária, mas também de que muito fariam para impedir as oscilações desestabilizantes que foram, no correr do último século de "ciclos econômicos", precipitadas pelo monopólio governamental sobre o dinheiro, e também para tornar mais difícil para o governo aumentar excessivamente seus próprios gastos, já que esses aumentos se constituem num dos problemas mais cruciais dos anos 70.

Embora em alguns pontos a argumentação seja necessariamente abstrata e exija atenção redobrada, o tema central é claro como água: o governo fracassou – essencialmente ainda fracassa e continuará a fracassar – no que concerne a suprir o mercado com dinheiro de boa qualidade. Sendo inevitável que o governo controle a moeda, o padrão ouro seria melhor do que qualquer outro sistema – é assim que pensa o Professor Hayek, que acredita, ao mesmo tempo, que até o ouro seria considerado menos digno de confiança do que papéis moeda competitivos cujo valor seria mantido relativamente estável, uma vez que seus emissores teriam forte incentivo para limitar a quantidade em circulação: se não a limitassem, iriam à bancarrota.

O argumento a favor das moedas competitivas descende diretamente da linha de pensamento da Escola Austríaca de economia, cuja introdução na Grã-Bretanha se deve principalmente ao Professor Lorde Robbins, o qual trouxe, em 1931, o Professor Hayek para a Escola de Economia de Londres. Juntos, difundiram, entre estudantes e professores ingleses, as obras de Menger, Wieser, Böhm-Bawerk e Mises. Contudo, pouco mais se soube a respeito da Escola Austríaca até há um ou dois anos atrás, quando surgiu um novo interesse de economistas norte-americanos por esta Escola. A seguir, houve, na Grã-Bretanha, uma crescente atenção para os ensinamentos da Escola, particularmente entre os economistas jovens. Neste *Hobart Paper Special,* o Professor Hayek menciona obras de vários de seus predecessores, estimulando, assim, ainda mais o interesse pela Escola Austríaca de economia.

O uso de caracteres itálicos, embora restrito nas obras publicadas pelo IEA, foi aqui adotado moderadamente: pretendemos, dessa forma, auxiliar especialmente os leitores novatos em economia a acompanhar as etapas da argumentação.

Este *Hobart Special* do Professor Hayek chega num momento em que – depois das asneiras monetárias cometidas antes da guerra, consideradas responsáveis por precipitarem a Grande Depressão de 1929-32 e de quase um terço de século de "controle monetário" (ou, melhor, descontrole) pelo governo no pós-guerra, constata-se que as tentativas de controle internacional de modo algum tiveram maior sucesso – mais uma vez os economistas estão à cata de meios para retirar totalmente o controle do dinheiro das mãos do governo. No *Hobart Paper 69 (Gold or Paper?)*, o Professor E. Victor Morgan e a Sra. Morgan reexaminam o colapso do controle monetário desde a guerra e reavaliam as alegações em favor de restabelecer o vínculo entre a moeda e o ouro. Peter Jay, editor de economia do jornal *The Time*, propôs, há alguns meses, a criação de uma Comissão de Moeda.[2] Essas duas abordagens, que refletem anseios no sentido de reduzir ou de anular o poder dos políticos sobre o suprimento monetário, poderão parecer – a economistas mais jovens e a novas gerações em finanças, comércio, indústria e educação – desvios radicais do pensamento econômico do pós- guerra. Mais revolucionária ainda é a proposta do Professor Hayek de que a moeda seja colocada no mercado juntamente com outros bens e serviços: alega que a tentativa feita nos últimos 50 anos de o controle monetário depender da boa vontade do governo fracassou, e que a solução estaria nas agências monetárias uma vez que elas teriam todo interesse em oferecer moedas que os usuários considerariam seguras e estáveis, pois do contrário sofreriam a perda de seu próprio meio de sobrevivência. O *Hobart Special* do Professor Hayek – bem como as obras de outros economistas que tentam desenvolver métodos de "afastar o dinheiro da política" – deveria estimular tanto economistas como não economistas a reavaliar os princípios básicos do controle monetário, caso desejem que sobreviva a sociedade civilizada.

O Instituto é conhecido pela rapidez com que leva a cabo suas publicações: normalmente decorrem poucas semanas da entrega do manuscrito completo ao exemplar nas prateleiras. Os deslocamentos do Professor Hayek da Áustria para a Escócia e depois para Londres tornaram mais lenta a programação normal de editoração, o processamento para publicação e a revisão. Mesmo assim, essas fases – para um manuscrito que tem o dobro do tamanho normal típico de um Hobart – se processaram do início de julho ao final de setembro. Gostaria de agradecer a Michael Solly, que se desdobrou para tornar possível essa programação, e à nossa gráfica Goron Pro-Print que trabalhou com rapidez e correção.

---

[2] *The Times*, 15 de abril de 1976.

Os Estatutos do Instituto exigem que seus Curadores, Diretores e Conselheiros se mantenham neutros diante das teses e conclusões de seus autores: apresentamos esta nova pequena obra do Professor Hayek como um importante reexame de um preceito clássico, elaborado por um dos principais pensadores do mundo.

Agosto de 1976; Arthur Seldon

Prefácio à Segunda Edição (Aumentada)

Para a segunda edição (aumentada), o Professor Hayek redigiu vários e, por vezes, longos acréscimos para ampliar e aperfeiçoar sua tese. Esses acréscimos totalizam entre um terço e dois quintos do texto original. (Para identificar as adições, tanto as longas quanto as curtas, colocou-se um asterisco no início e dois no final das mesmas.[1] Foi feito também amplo aprimoramento vocabular, em nível de palavras, expressões e frases. Foram incluídas numerosas notas de rodapé, *passim.)*

O Hobart Paper tornou-se, agora, um texto essencial sobre a proposta revolucionária de substituir o controle estatal sobre o suprimento monetário por emissores privados que estarão competindo no mercado.

Quando essa proposta foi apresentada para um respeitável personagem do sistema bancário inglês, a resposta – cortês, porém complacente – foi: "Isso pode servir para depois de amanhã". Esse tipo de reação não é inusitado em homens práticos que se veem diante de novas reflexões acadêmicas. Geralmente as novas ideias estão sujeitas à rejeição: são consideradas – por indivíduos de cabeça dura, que têm de enfrentar as realidades da vida cotidiana – como o produto do trabalho de pessoas puramente teóricas. Os homens práticos estão tão envolvidos em seus "problemas do dia a dia", que são capazes de enxergar somente as dificuldades e obstáculos, mas não as causas fundamentais do erro ou do fracasso. Cabe lembrar aqui o lenhador, que não consegue divisar a extensão da floresta por detrás da árvore que abate.

Até mesmo mudanças mais fundamentais podem, algumas vezes, precisar ser levadas a cabo através de reformas radicais e não através de modificações graduais de um método – ou política-que tenha demonstrado ser defeituoso. E, quanto mais as reformas forem adiadas, mais tumultuosas poderão precisar ser. Aquele que afunda num pântano não pode escapar dando um pequeno passo: sua única esperança só pode estar num longo salto.

A questão é saber se o diagnóstico do Professor Hayek – de que o controle monetário pelo estado raramente forneceu meios de

[1] Os asteriscos a que se refere o editor inglês não foram mantidos nesta edição do IL.

pagamento seguros, sendo, na prática, responsável pela desestabilização das moedas e, séculos afora, pela inflação – é correto ou não. Se esse diagnóstico for correto, o fato de apenas interferir no controle monopolístico do governo sobre o dinheiro não eliminará os defeitos e perigos gerados por esse tipo de controle.

Esta segunda edição aumentada deve ser estudada com muita seriedade pelos banqueiros, ainda mais porque, tal como ocorre na Grã-Bretanha, esses profissionais não estão tão distantes assim de uma influência sobre o governo – o que quer dizer, sobre a política – como estão em outros países. Os acréscimos também farão a segunda edição ainda mais valiosa para professores e estudantes de economia que se preocupam mais com as verdades fundamentais do que com expedientes de curto prazo.

Dezembro, 1977 A.S.

Introdução do Autor

Em meu desespero diante das nulas esperanças de encontrar uma solução politicamente exequível para aquilo que é, tecnicamente, o mais elementar dos problemas – qual seja, acabar com a inflação – lancei, numa conferência pronunciada há cerca de um ano[1], uma proposta um tanto surpreendente. A investigação mais profunda dessa minha proposta vem abrindo novos horizontes, completamente inesperados. Não pude resistir ao aprofundamento da ideia, uma vez que a tarefa de coibir a inflação sempre me pareceu ser da maior importância, não só por causa dos danos e sofrimentos que as grandes inflações causam, mas também porque estou há muito convencido de que até mesmo as inflações brandas acabam provocando depressões e desemprego periódicos. E as depressões e o desemprego – que são motivo de queixas justificadas contra o sistema da livre iniciativa – devem ser evitados em prol da preservação da sociedade livre.

A investigação mais profunda da sugestão de que o governo seja despojado de seu monopólio sobre a emissão de moeda permitiu descortinar as mais fascinantes perspectivas teóricas e demonstrou a viabilidade de sistemas de organização que jamais haviam sido cogitados. Tão logo se consegue a libertação em relação ao credo universal – e tacitamente aceito – de que o governo de uma nação deve provê-la de uma moeda que seja única, característica e exclusiva, surgem diversos tipos de interessantes questões que jamais foram investigadas. Como resultado, temos uma incursão num campo totalmente inexplorado. Nesta breve obra, posso apresentar apenas algumas descobertas feitas no decorrer do primeiro levantamento de terreno. Naturalmente, tenho plena consciência de que apenas arranhei a superfície do complexo formado pelas novas questões e de que estou ainda muito longe de ter resolvido todos os problemas que decorreriam da existência de múltiplas moedas simultâneas. Na verdade, é preciso propor várias indagações cujas respostas desconheço; não me é possível, outrossim, discutir todos os problemas teóricos suscitados pelo esclarecimento da nova situação. Será necessário trabalhar muito o tema, mas já há sinais de que a ideia básica despertou a imaginação de outros e de que há, na prática, alguns jovens cérebros investigando a questão.[2]

---

[1] Ver nota 31. NE. Os números entre parênteses, em todo este livro, são uma referência à bibliografia no final (p. 163).

[2] (35), (59) e (60).

Até o momento, a principal conclusão é que a maior falha da estrutura de mercado, qual seja, sua suscetibilidade à depressão e ao desemprego periódicos – objetos de justificada censura –, é consequência do milenar monopólio governamental sobre a emissão da moeda. Já não tenho dúvidas de que a empresa privada, se não tivesse sido impedida pelo governo, já teria há muito fornecido ao público uma variedade de moedas, à escolha deste público: seriam vitoriosas na competição aquelas cujo valor se tivesse mantido essencialmente estável e que tivessem impedido tanto a excessiva estimulação do investimento quanto os consequentes períodos de retração.

De início, a demanda por uma liberdade de emissão de moeda parecerá suspeita a muitos – e por bons motivos, uma vez que, no passado, tais demandas foram repetidamente feitas por uma longa sucessão de indivíduos excêntricos, com fortes tendências inflacionárias. Desde a maioria dos defensores da "Livre Atividade Bancária", no início do século XIX – (inclusive uma parte substancial dos defensores da "Regra Básica da Atividade Bancária"[3]) – até os patrocinadores da causa da "Moeda Livre" *(Freigeld)* – entre estes Silvio Gesell (22), o Major C. H. Douglas (13) com seus planos, H. Rittershausen (51) e Henry Meulen (44) –, todos os que batalharam, no século XX, em prol da liberdade da emissão monetária o fizeram porque queriam *mais* dinheiro. Muitas vezes a suspeita da incompatibilidade entre o monopólio governamental e o princípio geral da liberdade de iniciativa estava no bojo de suas argumentações, mas todos, sem exceção, acreditavam que o monopólio havia conduzido a uma restrição desmedida e não a uma disponibilidade monetária excessiva. Não admitiam, é óbvio, que o governo, mais frequentemente que qualquer empresa privada, viesse fornecendo o *Schwungeld* (moeda desvalorizada) que Silvio Gesell havia recomendado.

Acrescentarei apenas que, para me ater ao assunto principal, não me permitirei enveredar pela discussão da instigante questão metodológica em relação à possibilidade de dizer algo significativo sobre circunstâncias que jamais vivenciamos, embora esta colocação projete uma luz interessante sobre a metodologia da teoria econômica em geral.

Para concluir, direi somente que este trabalho me pareceu tão importante e urgente que mereceu a interrupção, por algumas semanas,

---

[3] NT. *Banking Principle* – Regra Bélgica da Atividade Bancária é o postulado adotado no século XIX pela Banking School que sustenta que enquanto um banco mantenha a conversibilidade de suas notas bancárias em ouro, para o que deveria manter reservas "adequadas" lhe será impossível emitir suas notas bancárias em excesso contra papeis comerciais de curto prazo (até 90 dias). Extraído de *Mises made easier* de Percy L. Greaves, Jr.

da tarefa maior à qual tenho dedicado todos os meus esforços nos últimos anos. Para essa tarefa, falta ainda elaborar uma conclusão, que deverá ser apresentada no terceiro volume.[4] O leitor compreenderá – assim espero – que, em tais circunstâncias, vi-me obrigado a contrariar todos os meus hábitos e, após completar um primeiro rascunho desse *Paper*, deixei a maior parte da pesada e morosa tarefa de polir o texto e prepará-lo para a publicação ao solidário empenho de Arthur Seldon, Diretor Editorial do Institute of Economic Affairs, cujos benéficos labores já deram uma leitura muito mais agradável a alguns de meus ensaios publicados por aquele Instituto, e que se dispôs a assumir essa carga. De sua autoria são, em particular, os úteis cabeçalhos das subseções. O título, uma forma muito aperfeiçoada de minha versão original, *Moedas simultâneas,* foi sugerido pelo Diretor Geral do Instituto, Ralph Harris. Fico profundamente grato a ambos por terem tornado possível a publicação desse esboço: não fosse por eles, provavelmente esta publicação ainda iria demorar muito tempo, pois meu compromisso com os leitores de *Direito, legislação e liberdade* [6] impediam-me de deixar de lado a complementação dessa obra, e de dedicar ao tema – que é especialmente interessante – um tempo mais longo do que o estritamente necessário para colocar, mesmo sob uma forma ainda tosca, minha tese no papel.

Peço desculpas aos meus amigos cujas publicações intimamente relacionadas ao tema deste *Paper* não pude ler por ter estado, no decorrer dos últimos anos, ocupado com problemas totalmente diversos. Estou certo de que suas publicações me teriam ensinado muitas coisas que me teriam sido úteis ao escrever este ensaio.

Salzburgo, 30 de junho de 1976, F.A. Hayek

[4] NE. *Law, Legislation and Liberty.* Traduzido pelo Instituto Liberal e publicado pela Editora Visão em 1985.

[illegible]

[illegible]

[illegible]

Nota à Segunda Edição

Passaram-se, desde que comecei a escrever este assunto, apenas 13 meses, e sua primeira publicação data de pouco mais que seis meses. Assim, não deve causar surpresa o fato de as adições que considerei necessárias a essa segunda edição se deverem mais a minhas próprias reflexões posteriores a respeito das questões examinadas do que a quaisquer críticas que tenha recebido até o presente. Na verdade, os comentários que, até agora, me chegaram expressaram muito mais uma surpresa incrédula que quaisquer objeções à minha argumentação.

Portanto, a maior parte dos acréscimos que fiz referem-se a pontos bastante óbvios que deveriam, talvez, ter sido expostos com maior clareza na primeira edição. Somente um deles, na página 127, gira em torno de um ponto que a reflexão posterior me levou a esperar que se desenvolvesse de outro modo, bastante diferente daquele por mim sugerido quando aventava o que sucederia caso a reforma que proponho fosse adotada. Realmente, parece-me ter importância cada vez maior a clara distinção entre dois diferentes tipos de competição: o primeiro, que provavelmente conduz à aceitação geral de um padrão amplamente utilizado (ou talvez de uns poucos padrões), e o segundo, que se refere à competição do sentido de conquistar a confiança do público para uma determinada moeda. Esbocei agora, numa inserção mais longa à Seção XXIV, uma das mais significativas consequências prováveis que, originalmente, eu não havia previsto.

Efetuei somente pequenas alterações estilísticas para comunicar com maior clareza o que desejava dizer. Deixei mesmo permanecer o tom mais hesitante do início que, como não terá escapado ao leitor, gradualmente passa a um tom mais confiante, à medida que a argumentação prossegue. As reflexões posteriores até agora aumentaram mais minha confiança tanto na conveniência como na praticabilidade das mudanças fundamentais aqui sugeridas.

Como o material desta segunda edição ficou pronto antes do término da conferência da Sociedade de Mont Pèlerin, não me foi possível lançar mão de algumas importantes contribuições que os debates realizados durante aquele encontro trouxeram para as questões aqui consideradas, pois foi necessário que eu partisse imediatamente para prolongada viagem. Espero, particularmente, que os trabalhos apresentados naquela ocasião por W. Engels, D. L. Kemmerer, W. Stutzel e R. Vaubel se encontrem logo disponíveis sob a forma impressa. Inseri, contudo, em momento posterior, uma réplica a um comentário feito por Milton Friedman, que me pareceu exigir resposta imediata.

Deveria talvez ter acrescentado acima – quando salientei minha preocupação com outros problemas que me impedem de dar ao presente argumento toda a atenção que merece – que, na verdade, minha falta de esperança em algum dia conseguir um sistema monetário razoável dentro da estrutura institucional vigente decorre tanto dos muitos anos de estudo até agora dedicados às consequências de um governo baseado em uma assembleia democrática com poderes ilimitados quanto de meu trabalho anterior em que a teoria monetária era ainda um de meus principais interesses.

Talvez devesse acrescentar, também, duas certezas que tenho e que, muitas vezes, já tive ocasião de explicar, embora nunca o tenha feito por escrito: a primeira é a minha certeza de que a principal tarefa do economista teórico ou do filósofo político deveria ser a de atuar sobre a opinião pública de modo a tornar politicamente possível aquilo que, hoje, pode ser politicamente impossível; a segunda, consequência da primeira, é justamente a de que o desenvolvimento das minhas propostas não me será tolhido pelo simples fato de que elas, atualmente, são impraticáveis.

Finalmente, após reler mais uma vez o texto dessa segunda edição, creio que devo, de início, alertar o leitor para o seguinte: não desejo, no que diz respeito à moeda, proibir o governo de fazer qualquer coisa que seja. Só me oponho é que ele impeça que outros façam o que sabem fazer melhor que ele.

Freiburg im Breisgau

F.A. Hayek

Capítulo 1

A Proposta na Prática

A proposta concreta para o futuro próximo, que também representa a oportunidade para o exame de um esquema de alcance muito mais amplo, é a seguinte:

Os países do Mercado Comum, preferivelmente com os países neutros da Europa (e possivelmente, mais tarde, com os países da América do Norte), comprometem-se mutuamente, por tratado formal, a não opor obstáculos à livre negociação, em toda a extensão de seus territórios, das moedas nacionais uns dos outros (inclusive moedas de ouro), nem ao livre exercício da atividade bancária por qualquer instituição legalmente estabelecida em qualquer um de seus territórios.

A adoção de tal proposta significaria, inicialmente, a abolição de qualquer tipo de controle cambial ou de regulamentação da circulação de moeda entre esses países, bem como a total liberdade para usar qualquer das moedas para contratos e contabilização. Significaria, também, a possibilidade de qualquer banco localizado em qualquer desses países abrir filiais em qualquer outro, em condições idênticas às dos bancos já estabelecidos.

Livre comercio de moeda

O objetivo desse programa é impor uma disciplina – que hoje já se faz extremamente necessária – aos agentes monetários e financeiros existentes, tornando impossível, a qualquer um deles, por qualquer prazo, emitir dinheiro de um tipo substancialmente menos confiável e útil do que o emitido por qualquer outro. Tão logo o público se familiarizasse com as novas possibilidades, qualquer desvio da atitude correta de fornecer-lhe um dinheiro honesto iria, imediatamente, redundar na rápida substituição da moeda infratora por outras. E cada país, individualmente, ao ser privado das várias artimanhas através das quais seus governos são hoje capazes de temporariamente camuflar os efeitos de suas ações, "protegendo" sua moeda, seria constrangido a manter toleravelmente estável o valor de seu meio circulante.

Proposta mais viável do que a utópica moeda europeia

Esta proposta me parece ao mesmo tempo preferível e mais prática do que a sugestão utópica de se criar uma nova moeda europeia, uma vez que essa moeda somente teria, em última análise, o efeito de entronizar mais profundamente as fontes e origens de todos os malefícios do dinheiro: o monopólio governamental da emissão do dinheiro e do controle monetário. Seria de supor também que, se os países não estivessem preparados para adotar a versão mais limitada da proposta que aqui expusemos, estariam ainda menos dispostos a aceitar uma moeda em comum para toda a Europa. A ideia, de abolir totalmente a prerrogativa milenar dos governos de ter o monopólio do dinheiro é ainda tão estranha e até mesmo alarmante para a maioria das pessoas, que não vejo qualquer possibilidade de ela vir a ser adotada em futuro próximo. Mas seria possível que as pessoas aprendessem a perceber as vantagens se, pelo menos, fosse permitido que as diversas moedas governamentais competissem pela preferência do público.

Embora simpatize muito com o desejo de completar a unificação econômica da Europa Ocidental através da total liberação do fluxo de dinheiro entre os países que a compõem, tenho grandes dúvidas a respeito da conveniência dessa liberação a partir da criação de uma nova moeda europeia, administrada por uma autoridade supranacional. Além de ser extremamente improvável que os países membros concordem quanto às políticas a serem adotadas na prática por uma autoridade monetária comum (e do fato, na prática inevitável, de que alguns países vão passar a ter uma moeda pior do que a que atualmente possuem), parece pouco provável, mesmo nas circunstâncias mais favoráveis, que essa moeda pudesse ser mais bem administrada do que as atuais moedas nacionais. Ademais, em muitos aspectos, uma única moeda internacional, se não for muito bem administrada, será pior e não melhor do que uma moeda nacional. Não daria a um país que tenha um público financeiramente mais sofisticado sequer a oportunidade de fugir às consequências dos preconceitos tacanhos que norteiam as decisões dos outros países. A principal vantagem de se ter uma autoridade internacional deveria consistir no fato de ela poder proteger um estado membro das medidas nocivas dos outros e nunca no de forçá-lo a participar das tolices dos outros.

Liberdade na atividade bancária

A extensão, aqui sugerida, do livre comércio de moeda ao livre comércio na atividade bancária é uma parte absolutamente essencial do programa proposto, caso se queira realmente atingir tudo o que ele propõe. Em primeiro lugar, os depósitos bancários sujeitos a cheque, e portanto um tipo de dinheiro privadamente emitido, obviamente são, hoje, parte – e na maioria dos países a maior parte – da quantidade global dos meios de troca geralmente aceitos. Em segundo lugar, a expansão e a contração das superestruturas nacionais distintas do crédito bancário são atualmente a principal desculpa para a administração nacionalizada do meio-circulante básico.

Quanto aos efeitos da adoção desta proposta, por ora direi apenas que, evidentemente, se pretende evitar que autoridades financeiras e monetárias tomem medidas politicamente agradáveis, na medida que tenham poder de fazê-lo. Essas medidas são, sem exceção, prejudiciais e contrárias aos interesses do país que as adota, embora sejam politicamente inevitáveis como um meio provisório de escapar de sérias dificuldades. Entre as medidas, incluem-se aquelas através das quais os governos podem, com extrema facilidade e rapidez, remover as causas de descontentamento de determinados grupos ou setores, mas que, a longo prazo, sem dúvida, irão perturbar – e finalmente destruir – a ordem do mercado.

Impedir que o governo esconda a depreciação

A maior vantagem do esquema proposto, em outras palavras, está no fato de ele impedir os governos de "protegerem" as moedas que emitem contra as consequências adversas de suas próprias medidas e, assim, de impedir que os governantes continuem adotando essas medidas prejudiciais. Os governos perderiam a capacidade de camuflar a depreciação do dinheiro que emitem, de impedir a evasão de divisas, de capital e de outros recursos – evasão essa decorrente do fato de seu uso doméstico ter-se tornado desfavorável – e perderiam a possibilidade de controlar preços, de tomar medidas que tenderiam, é claro, a destruir o Mercado Comum. O programa proposto poderia, naturalmente, atender a todas as exigências de um mercado comum, de maneira mais satisfatória do que uma moeda comum o faria e sem a necessidade de estabelecer um novo organismo internacional ou de conferir novos poderes a uma autoridade supranacional.

No final das contas, o programa equivaleria à substituição dos meios circulantes nacionais somente no caso de as autoridades monetárias nacionais se comportarem mal. Mesmo que isso acontecesse ainda seria possível evitar a total substituição da moeda nacional, caso as autoridades mudassem rapidamente seu comportamento. É possível que, em alguns países muito pequenos, com comércio internacional e turismo muito intensos, a moeda de um dos países maiores pudesse tornar-se predominante, mas, uma vez que se adotasse uma política sensata, não haveria razão para que a maior parte das moedas existentes não continuasse a ser usada por muito tempo. (Seria, é claro, importante que não houvesse entre as partes um acordo tácito no sentido de não fornecer uma moeda tão boa, que os cidadãos das outras nações a preferissem! E a culpa seria sempre, é claro, atribuída ao governo cujo dinheiro não agradasse ao público).

Não creio que este esquema impedisse os governos de fazer o que quer que fosse em prol do bom funcionamento da economia, ou que, a longo prazo, beneficiasse qualquer grupo importante. Isto, no entanto, suscita questões complexas que serão melhor analisadas ao aprofundarmos o exame do postulado básico.

Capítulo 2

A Generalização do Postulado Básico

Para examinar com seriedade o emprego imediato de várias moedas simultâneas numa área limitada, seria desejável, evidentemente, investigar as consequências de uma aplicação geral do princípio em que esta proposta se baseia. Ao analisarmos a abolição do uso exclusivo, dentro das fronteiras de cada território nacional, de uma única moeda nacional emitida pelo governo, acompanhada da admissão, em pé de igualdade, de moedas emitidas por outros governos, defrontamo-nos imediatamente com a questão de saber se não seria igualmente desejável eliminar totalmente o monopólio do governo sobre o fornecimento de todo o dinheiro e de permitir que a empresa privada forneça ao público outros meios de troca que este venha a preferir.

Essa reforma, de muito maior alcance do que a proposta prática já sugerida, além de suscitar questões teóricas muito maiores, é demasiadamente estranha e invulgar para o público em geral, o que torna inviável sua aplicação no momento. Os problemas que essa reforma levanta ainda são, evidentemente, muito pouco entendidos – até mesmo por especialistas – de modo que é impossível predizer, com segurança, as consequências exatas de tal programa. Entretanto, é inteiramente provável que a hoje inquestionada e universalmente aceita prerrogativa do governo em relação a produzir dinheiro não seja nem necessária, nem mesmo vantajosa. É possível mesmo que ela se evidencie prejudicial, e que sua abolição passe a ser considerada uma grande vantagem que abra caminho para desenvolvimentos muito benéficos. Por esse motivo é que já não é sem tempo que se começa a debater esta ideia. Colocá-la em prática pode, realmente, ainda ser totalmente inviável – pelo menos enquanto o público não estiver mentalmente preparado e enquanto aceitar, sem crítica, o dogma da necessidade da prerrogativa governamental – mas este fato não deve ser tomado como empecilho para a exploração intelectual dos fascinantes aspectos teóricos que o programa suscita [1].

A competição de moedas não discutida pelos economistas

É uma verdade extraordinária que, até bem pouco tempo, não se examinava seriamente a hipótese de moedas concorrentes[1]. Na

[1] Embora eu tenha chegado independentemente à constatação das vantagens oferecidas por moedas in-

literatura atual não se encontra resposta para qualquer questionamento do fato de o monopólio governamental sobre o suprimento monetário ser universalmente considerado indispensável, ou do fato de ser esta crença simplesmente uma decorrência do postulado, ainda inexplicado, de que deve haver, dentro de qualquer território, um só tipo de moeda em circulação. É verdade que, enquanto somente o ouro e a prata eram seriamente considerados como possíveis tipos de moeda, esse único tipo de moeda circulante pode ter parecido realmente conveniente. Tampouco podemos encontrar resposta ao indagarmos o que aconteceria se aquele monopólio fosse abolido e o fornecimento de dinheiro fosse aberto à competição de empresas privadas que fornecessem moedas diferentes. A maior parte das pessoas parece imaginar que qualquer proposta de que agentes privados emitam dinheiro significaria que poderiam ter permissão para emitir o *mesmo* dinheiro que qualquer outro indivíduo (o que, no caso de moeda fiduciária, equivaleria ao crime de falsificação) em lugar de emitir tipos diferentes de *dinheiro,* claramente distinguíveis pelas diferentes denominações que receberiam, entre os quais o público pudesse escolher livremente.

VANTAGENS INICIAIS DO MONOPÓLIO GOVERNAMENTAL SOBRE O DINHEIRO

Quando a economia monetária ainda estava expandindo-se lentamente nas regiões mais remotas e um dos principais problemas era ensinar a numerosos indivíduos a arte de fazer cálculos em dinheiro (o que não se deu há tanto tempo assim), nessa época, talvez, um único tipo de dinheiro, de fácil identificação, possa ter sido de considerável valia. E pode-se argumentar que o uso exclusivo de um único tipo uniforme de dinheiro auxiliou grandemente a comparação de preços, e, portanto, o crescimento da competição e o mercado. Do mesmo modo, quando a autenticidade do dinheiro metálico só podia ser comprovada através de um difícil processo de quilatação, para o qual a pessoa comum não dispunha nem da habilidade nem do equipamento necessários, era possível argumentar com segurança em favor de se garantir a pureza das moedas com a marca de uma autoridade amplamente reconhecida que, fora dos grandes centros comerciais, só poderia ser o governo. Mas, hoje, essas vantagens iniciais, que poderiam ter servido de desculpa para que os governos se apropriassem do

dependentes simultâneas, devo conceder, contudo, a prioridade intelectual ao Professor Benjamin Klein que, numa obra escrita em 1970, publicada em 1975 (35), até recentemente desconhecida por mim, já havia claramente explicado as principais vantagens da competição entre moedas.

direito exclusivo de emitir dinheiro metálico, certamente não têm um peso maior do que o das desvantagens desse sistema. Seus defeitos são os mesmos dos de todos os monopólios: somos obrigados a consumir seus produtos mesmo que sejam insatisfatórios e, acima de tudo, tal sistema impede a descoberta de melhores métodos de satisfazer necessidades que não digam respeito ou não interessem ao monopolista.

Se o público compreendesse o quanto lhe custa, em termos de inflação e instabilidade periódicas, a conveniência de ter de lidar apenas com um tipo de dinheiro nas suas transações cotidianas e a comodidade de não ter que, ocasionalmente, analisar as vantagens de usar um dinheiro de tipo diferente daquele que lhe é familiar, provavelmente acharia este custo exorbitante. E, no entanto, essa conveniência é muito menos importante do que a possibilidade de usar um dinheiro confiável, que não perturbe periodicamente a tranquilidade do fluxo econômico – possibilidade de que o público foi privado pelo monopólio governamental. Mas as pessoas jamais tiveram a possibilidade de descobrir essa vantagem. Os governos sempre tiveram, em todos os tempos, um grande interesse em persuadir o público de que o direito de emitir dinheiro lhes pertence com exclusividade. Durante o tempo em que, na prática, isto significou a emissão de moedas de ouro, prata e cobre, não foram gerados tantos problemas quanto os que enfrentamos hoje, quando sabemos que há vários outros tipos possíveis de dinheiro, dentre eles principalmente o papel-moeda, com o qual os governos demonstram capacidade ainda menor de administração, e do qual tendem a abusar ainda mais que do dinheiro metálico.

Capítulo 3

A Origem da Prerrogativa Governamental de Fazer Dinheiro

Durante mais de 2000 anos, a prerrogativa governamental ou o direito exclusivo de fazer dinheiro significou, na prática, tão somente o monopólio sobre a cunhagem de moedas de ouro, prata ou cobre. Foi nesse período que se verificou a aceitação irrestrita dessa prerrogativa como atributo essencial da soberania – envolta no manto de mistério que os sagrados poderes do príncipe costumavam inspirar. Talvez essa concepção anteceda até mesmo a cunhagem das primeiras moedas pelo rei Creso da Lídia, no século VI A.C., e date da época em que era hábito fazer apenas marcas em barras de metal para atestar sua pureza.

De qualquer modo, a prerrogativa de cunhagem do governante foi consolidada pelos imperadores romanos[2]. Quando, no início da era moderna, Jean Bodin desenvolveu o conceito de soberania, considerou o direito de cunhagem como uma de suas partes mais importantes e essenciais[3]. As *regalias,* como eram, em latim, denominados os direitos e privilégios reais, dos quais a cunhagem, a mineração e os impostos alfandegários eram os mais importantes, foram, durante a Idade Média, a principal fonte de renda dos príncipes, sendo examinados somente sob este prisma. É evidente que, à medida que se difundia a cunhagem, os governos, em toda parte, logo descobriram que ela, além de ser uma atraente fonte de lucros, constituía um importantíssimo instrumento de poder. Desde seus primórdios, esta prerrogativa não foi reivindicada nem concedida em nome do bem geral, mas usada, simplesmente, como um elemento essencial do poder dos governos[4]. Na verdade, as moedas, tal como a bandeira, serviam

---

[2] W. Endemann (15), Vol. II, p.171.

[3] J. Bodin (5), p.176. Bodin, que sabia mais a respeito do dinheiro que a maioria de seus contemporâneos, pode muito bem ter tido a esperança de que os governos de grandes estados fossem mais responsáveis do que os milhares de governantes de pequenos principados e cidades que, durante o final da Idade Média, adquiriram o privilégio de cunhagem e, algumas vezes, abusavam dele ainda mais que os ricos príncipes de grandes territórios.

[4] O mesmo se aplica ao monopólio postal que, em toda parte, parece fornecer um serviço em constante deterioração. Sobre esse serviço, na Grã-Bretanha (de acordo com o jornal The Times, de 25 de maio de 1976), afirmou recentemente o Secretário Geral do Sindicato dos Trabalhadores Postais (!): "governos de ambas as facções políticas reduziram um serviço público, que já foi sensacional, ao nível de uma piada de teatro de revista". *Politicamente* o monopólio da radiodifusão pode ser ainda mais perigoso, porém, *economicamente,* duvido que qualquer outro monopólio tenha feito tanto mal quanto o da emissão de dinheiro.

largamente como símbolos de poder. Através delas o governante afirmava sua soberania e mostrava ao povo quem era seu senhor: aquele cuja imagem as moedas levavam às mais remotas regiões de seu reino.

Certificado governamental do peso e da pureza do metal

Naturalmente, a tarefa que o governo deveria assumir era, de início, não tanto fazer dinheiro, mas garantir o peso correto e a pureza dos materiais que serviam universalmente como moeda[5], os quais, desde os tempos mais remotos, passaram a ser somente três metais: ouro, prata e cobre. Esta tarefa era, supostamente, bastante semelhante à de estabelecer e certificar a uniformidade de pesos e medidas.

As moedas de metal só eram consideradas como dinheiro genuíno se apresentassem a efígie da autoridade competente, cujo dever era entendido como o de assegurar que as moedas tivessem o peso e a pureza adequados para conferir-lhes valor.

Durante a Idade Média, porém, surgiu a superstição de que era um ato governamental que conferia valor ao dinheiro. Embora a experiência tenha sempre provado o contrário, a doutrina do *valor impositus*[6] foi amplamente assimilada pela doutrina legal e serviu, até certo ponto, como justificativa para os constantes e vãos esforços dos príncipes no sentido de impor valor igual a moedas contendo quantidades inferiores dos metais preciosos. (Nos primeiros anos deste século, a doutrina medieval foi revivida pelo professor alemão G.F. Knapp; sua obra *The State Theory of Money* (A teoria estatal do dinheiro) ainda parece exercer alguma influência sobre as modernas teorias legais)[7].

Não há motivos para duvidar de que a empresa privada, caso lhe permitissem, teria sido capaz de fornecer moedas igualmente satisfatórias, ou, pelo menos, igualmente dignas de confiança. Na verdade, em algumas ocasiões, já o fez ou foi incumbida de fazê-lo pelo

---

[5] Cf. Adam Smith (54, p.40) "... entidades públicas denominadas casas da moeda: instituições que têm exatamente a mesma natureza que os *aulnagers e stampmasters** de lã e linho".

*NT. Em inglês, o mesmo que *alnager.* Antigamente, na Inglaterra, funcionário juramentado cujo dever era inspecionar e medir tecidos de lã para fins de taxação. (Em português: varejador, do verbo varejar: medir às varas (o tecido). Cf. *Novo dicionário da língua portuguesa,* de Aurélio Buarque de Holanda Ferreira).

*NT. Funcionário inglês encarregado dos impostos devidos sob o *Stamp Act,* de 1765, sobre todo tipo de papel de linho.

[6] Endemann (15), p.172.

[7] Knapp (36), compare-se a Mann (41).

governo. Contudo, enquanto ainda era uma tarefa difícil fornecer moedas uniformes e aceitáveis, os governos realizaram um trabalho que não se pode deixar de considerar útil. Infelizmente, cedo os governos descobriram que esse serviço não era apenas útil, mas podia também tornar-se muito lucrativo, pelo menos enquanto as pessoas não tivessem outra alternativa a não ser usar o dinheiro que eles fornecessem. A senhoriagem, ou seja, a taxa cobrada para cobrir os custos de cunhagem, demonstrou ser uma fonte de lucro muito atraente. Assim sendo, foi logo ampliada, até ultrapassar o custo de fabricação da moeda. E, da retenção de uma grande parte do metal trazido ao governo para cunhagem de moedas, bastou apenas um pequeno passo para que se adotasse a prática, cada vez mais comum durante a Idade Média, de recolher as moedas em circulação a fim de cunhá-las de novo sob várias denominações, com um menor teor de ouro ou prata. As consequências dessa degradação serão analisadas na seção seguinte. Mas, uma vez que a função do governo na emissão de moeda deixa de ser apenas a de garantir o peso e a pureza de um determinado pedaço de metal e passa a envolver a determinação deliberada da quantidade de dinheiro a ser emitida, os governos tornaram-se totalmente inadequados para exercer essa função e, pode-se dizer abertamente, têm, incessantemente e em toda parte, abusado, para espoliar o povo, da confiança neles depositada.

O surgimento do papel-moeda

A prerrogativa governamental, que originalmente se restringia apenas à emissão de moedas, pois estas eram o único tipo de dinheiro então em uso, foi prontamente estendida aos outros tipos de dinheiro que entraram em cena. Esses outros tipos começaram a surgir quando os governos queriam dinheiro e o conseguiam através de empréstimos compulsórios, contra os quais forneciam recibos, obrigando que fossem aceitos como dinheiro. A importância da aparição gradual do papel-moeda governamental, e logo das notas bancárias, é complexa em termos de nossos objetivos, pois, por longo tempo, o problema não foi o surgimento de novos tipos de dinheiro com denominações diferentes, mas o emprego, como dinheiro, de papéis que representavam direitos sobre o dinheiro metálico existente emitido pelo monopólio governamental.

Seria, provavelmente, impossível que pedaços de papel ou outros símbolos de materiais que não tivessem, por si mesmos, grande valor de mercado, fossem gradualmente aceitos e considerados como dinheiro, a não ser que representassem um direito de reivindicação de algum tipo de objeto de valor. De início, para que sejam aceitos como dinheiro, precisam derivar seu valor de outra fonte, tal como sua convertibilidade em outro tipo de dinheiro. Assim sendo, o ouro e a prata, ou o direito de exigi-los, foram, durante muito tempo, os únicos tipos de dinheiro entre os quais poderia haver qualquer competição. A prata, por sua vez, teve um grande declínio em seu valor no século XIX e, desde então, deixou de representar uma concorrência séria ao ouro. (As possibilidades de bimetalismo[8] são irrelevantes em face a nossos atuais problemas).

Possibilidades Técnicas e Políticas de Controlar o Papel-Moeda

A situação ficou muito diferente, porém, desde que o papel-moeda se estabeleceu em toda parte. O monopólio governamental sobre a emissão do dinheiro, que já era bastante ruim enquanto predominava o dinheiro metálico, tornou-se uma total calamidade depois que o papel-moeda (ou qualquer outro substituto de moeda) – que pode ser o pior ou o melhor dos dinheiros – caiu sob o controle político. Uma moeda cujo estoque fosse deliberadamente controlado por uma entidade cujo interesse próprio a forçasse a satisfazer os desejos dos usuários poderia ser a ideal. Por outro lado, um dinheiro controlado de forma a satisfazer as exigências de interesses de grupos forçosamente será o pior possível (Seção XVIII).

O valor do papel-moeda pode, é claro, ser regulado de acordo com vários princípios – apesar de ser mais que duvidoso que qualquer governo democrático com poderes ilimitados possa algum dia administrá-lo satisfatoriamente. Embora a experiência histórica pareça, inicialmente, justificar a crença de que só o ouro pode ser uma moeda estável e de que todo papel-moeda irá desvalorizar-se, mais cedo ou mais tarde, toda nossa análise dos processos que determinam o valor do dinheiro nos diz que esse preconceito, embora compreensível, é infundado. A impossibilidade *política* de que os governos consigam ter uma moeda estável não significa que haja razão para duvidar de que seja tecnicamente possível controlar a quantidade de qualquer tipo de moeda fiduciária, de tal forma que seu valor se comporte da maneira desejada, e que, por este motivo, retenha sua capacidade de aceitação e seu valor. Portanto, agora, seria possível, se fosse permitido, ter-se uma variedade de moedas essencialmente distintas. Poderiam representar não apenas quantidades diferentes do mesmo metal, mas também unidades abstratas diferentes, de valor flutuante umas em

[8] Seção VII, pp. 36-37.

relação às outras. Da mesma forma, poderíamos ter moedas circulando simultaneamente em muitos países, possibilitando ao público uma escolha entre elas. Parece que até bem pouco tempo essa possibilidade ainda não havia sido examinada com seriedade. Até mesmo os mais radicais defensores da livre iniciativa, tais como o filósofo Herbert Spencer[9] ou o economista francês Joseph Garnier[10], parecem ter advogado somente a cunhagem privada, enquanto o movimento pela liberdade bancária de meados do século XIX batalhou apenas pelo direito de emitir notas conversíveis em moeda padrão[11].

O MONOPÓLIO DO DINHEIRO TEM ESCORADO O PODER DO GOVERNO

Como veremos em seguida, o direito exclusivo do governo de emitir e regular o dinheiro, que certamente não nos ajudou a ter um dinheiro melhor do que teríamos de outra forma e que provavelmente nos deu um dinheiro muito pior, tornou-se, indubitavelmente, um dos principais instrumentos a favor das políticas governamentais vigentes, e auxiliou enormemente o crescimento do poder do governo. Grande parte da política atual se baseia na premissa de que o governo tem o poder de criar e de fazer com que as pessoas aceitem qualquer quantia de dinheiro adicional que deseje. Por esse motivo, os governos defenderão diligentemente seus direitos tradicionais. Mas, pelo mesmo motivo, é importantíssimo que esse poder seja retirado de suas mãos.

Um governo não deveria poder – assim como não podem os indivíduos (ao menos em tempos de paz) – tomar para si tudo o que lhe aprouvesse, mas, ao contrário, deveria ficar limitado, estritamente, ao uso dos meios postos à sua disposição pelos representantes do povo e ser impedido de expandir seus recursos além do que o povo lhe permitiu. A moderna expansão do governo foi muito ajudada pela sua possibilidade de cobrir déficits com emissões – geralmente sob o pressuposto de que assim se criavam empregos. Talvez seja significativo o fato de que Adam Smith (54, p.687) não tenha incluído o controle da emissão de moeda entre as "três únicas funções [às quais] de acordo com o sistema da liberdade natural, o soberano deve dedicar-se".

[9] Herbert Spencer (57).

[10] Joseph Garnier (21).

[11] Vera C. Smith (55).

Capítulo 4

O Permanente Abuso da Prerrogativa Governamental

Quando se estuda a história do dinheiro, não se pode deixar de indagar por que as pessoas suportam, há mais de 2000 anos, que o governo exerça um poder exclusivo que tem sido regularmente usado para explorá-las e defraudá-las. Essa atitude só pode ser explicada através de um enraizamento tão profundo do mito (da necessidade da prerrogativa governamental), que não ocorreu nem mesmo aos pesquisadores profissionais desses assuntos (dentre eles, por muito tempo, o autor do presente)[12] questioná-la. Mas, uma vez que se duvide da validade de uma doutrina estabelecida, constata-se rapidamente que sua base é frágil.

É impossível traçar os detalhes das execráveis atividades dos governantes em relação ao monopólio do dinheiro em épocas anteriores à do filósofo grego Diógenes, a quem se atribui a afirmação, já no século IV A.C., de que o dinheiro era o jogo de dados dos políticos. Mas, da era romana até o século XVII, quando o papel-moeda, sob várias formas, começa a assumir importância, a história da cunhagem é quase que sinônima de uma série ininterrupta de degradações da moeda, ou seja, a contínua redução de seu teor metálico e um correspondente aumento nos preços de todos os bens.

A história é, em grande parte, inflação engendrada pelo governo

Até agora, ninguém escreveu uma história completa dessa evolução. Seria, de fato, uma história extremamente monótona e deprimente, mas não creio que seja exagero afirmar que a história seja, em grande parte, uma história da inflação, e, de modo geral, de inflações engendradas por governos, em proveito desses governos, muito embora as descobertas de ouro e prata no século XVI tenham tido um efeito inflacionário semelhante. Os historiadores tentaram, repetidamente, justificar a inflação alegando que ela tornava possível os grandes períodos de rápido progresso econômico. Produziram até uma

[12] F.A. Hayek (29), pp. 324 *et seq.*

série de teorias inflacionárias da História[13], já claramente refutadas pelos fatos: os preços na Inglaterra e nos Estados Unidos se mantinham, ao final do período de mais rápido desenvolvimento destas nações, quase no mesmo nível que duzentos anos antes. Contudo, aqueles que tornam a constatar esses fatos geralmente ignoram as discussões anteriores.

Deflação local ou temporária na baixa Idade Média

A baixa Idade Média pode ter sido um período de deflação que contribuiu para o declínio econômico de toda a Europa. Mas nem isso sabemos ao certo. Parece que, de um modo geral, a retração do comércio conduziu à redução da quantidade de dinheiro em circulação e não ao seu aumento. Encontramos demasiadas reclamações sobre os altos preços dos bens e sobre a deterioração da moeda, para que se possa considerar a deflação como algo mais do que um fenômeno local de regiões onde a ocorrência de guerras e migrações destruiu o mercado e o setor monetário da economia se retraiu, à medida que as pessoas enterravam seus tesouros. Mas, em locais como no norte da Itália, onde o comércio logo renasceu, encontramos todos os pequenos príncipes imediatamente competindo uns com os outros no sentido de degradar a moeda – processo que, apesar de algumas malogradas tentativas, por parte de mercadores particulares, de fornecer um melhor meio de troca, persistiu durante os séculos que se seguiram, até que a Itália ficou conhecida como o país que tinha o pior dinheiro e os melhores escritores a respeito dele.

Mas, embora teólogos e juristas se tenham posto lado a lado na condenação dessas práticas, elas só cessaram quando a introdução do papel-moeda deu aos governos um método ainda mais barato de espoliar o povo. Os governos não podiam, é claro, pôr em prática os métodos através dos quais forçavam o povo a aceitar um dinheiro ruim sem recorrer a medidas cruéis. Um tratado jurídico sobre legislação monetária resume a história das punições que as pessoas recebiam por causa de uma simples recusa em aceitar o dinheiro legal:

"Com Marco Polo aprendemos que, no século XIII, a lei chinesa tornava a recusa do papel-moeda imperial punível com a morte; e vinte anos a ferros ou, em alguns casos, a morte, era a penalidade

[13] Especialmente Werner Sombart (56) e, antes dele, Archibald Àlison (1), entre outros. Cf., a respeito deles. Paul Barth (4), que tem todo um capítulo sobre a "História como uma função do valor do dinheiro", e Marianne von Herzfeld (32).

prevista para a recusa em aceitar os *assignats*[14] franceses. A antiga lei inglesa punia o repúdio como *lesa-majestade*. Na época da Revolução Americana, a não aceitação das notas do congresso continental[15] era tratada como um ato inimigo e, algumas vezes, acarretou um não pagamento da dívida"[16].

O ABSOLUTISMO SUPRIME A TENTATIVA DOS MERCADORES DE CRIAR UMA MOEDA ESTÁVEL

A fundação dos primeiros bancos em Amsterdam e em outros locais é oriunda das tentativas feitas por mercadores no sentido de garantir, para si mesmos, uma moeda estável; mas o absolutismo emergente logo sufocou todos os esforços para criar uma moeda não governamental. Ao contrário, protegeu a ascensão de bancos que emitiam notas conversíveis em dinheiro governamental oficial. Mais que na história do dinheiro metálico, torna-se difícil esboçar aqui como esse desenvolvimento abriu as portas para novos abusos políticos.

Diz-se que os chineses haviam sido levados por sua experiência com o papel-moeda a proibi-lo para sempre (sem sucesso, é claro) antes mesmo que os europeus o tivessem inventado[17]. Certamente, quando os governos europeus tomaram conhecimento dessa possibilidade, começaram a explorá-la impiedosamente, não para fornecer ao povo um dinheiro adequado, mas para lucrar tanto quanto possível para seus cofres. Desde que, em 1694, o Governo Britânico vendeu ao Banco da Inglaterra um monopólio limitado da emissão de notas bancárias, a principal preocupação dos governos tem sido não deixar escapar de suas mãos, para as de bancos realmente independentes, o poder sobre o dinheiro, que era anteriormente baseado na prerrogativa da cunhagem. Por algum tempo, a ascendência do padrão ouro – e a crença daí decorrente de que mantê-lo era uma importante questão não só de princípio mas também para que se pudesse evitar uma desgraça nacional – constituiu uma efetiva restrição a esse poder. Deu ao mundo um longo período de relativa estabilidade – 200 anos ou mais –, durante a qual o moderno industrialismo pôde desenvolver-se, é verdade que sofrendo crises periódicas. Mas, quando ficou amplamente evidenciado, há cerca de 50 anos, que a convertibilidade em

[14] NT. Em francês no original. Papel-moeda, durante a Revolução Francesa.

[15] NE. Continental notes – papel-moeda emitido, durante a guerra da independência, pelo Congresso Continental que governou os EE.UU. no período revolucionário.

[16] A. Nussbaum (50), p.53.

[17] A respeito dos eventos na China, ver W. Vissering (61) e G. Tullock (58), que, no entanto, não se referem à história tão alardeada da "proibição final".

ouro era apenas um método de controlar a *quantidade* de uma moeda, sendo este o fator que realmente determina o seu valor, os governos logo ficaram ansiosos para escapar a essa disciplina, e o dinheiro tornou-se, mais do que nunca, um joguete nas mãos dos políticos. Apenas alguns dos países mais desenvolvidos preservaram, por um período tolerável, a estabilidade monetária, levando-a também a seus impérios coloniais. Mas a Europa Oriental e a América do Sul jamais conheceram longos períodos de estabilidade monetária.

No entanto, os governos, ao mesmo tempo que nunca usaram seus poderes para fornecer um dinheiro decente por períodos mais prolongados, só deixaram de abusar deslavadamente desses poderes enquanto estiveram sujeitos a uma disciplina tal como a imposta pelo padrão ouro. A razão que nos deveria fazer recusar e não mais tolerar essa irresponsabilidade do governo reside no fato de hoje sabermos que é possível controlar a quantidade de uma moeda de forma a impedir grandes oscilações em seu poder aquisitivo. Mais ainda, embora haja motivos para não confiar num governo que não esteja preso ao padrão ouro ou coisa semelhante, não há motivo para duvidar de que a empresa privada, cujos negócios dependem do sucesso, poderia manter estável o valor de uma moeda que emitisse.

Antes de podermos proceder à demonstração de como funciona tal sistema, devemos tirar do caminho dois preconceitos que provavelmente darão lugar a objeções infundadas contra a proposta.

Capítulo 5

A Mística da Moeda de Curso Legal

A primeira interpretação errônea gira em torno do conceito de "moeda de curso legal". Sua importância não é grande em termos de nossos objetivos, mas é uma teoria largamente empregada para justificar o monopólio governamental sobre emissão de moeda. A primeira reação atônita à proposta aqui discutida é geralmente a seguinte: "mas tem que haver uma moeda de curso legal". É como se essa noção provasse a necessidade de uma única moeda, emitida pelo governo e considerada indispensável para as transações cotidianas.

Em seu sentido estritamente jurídico, "curso legal" significa apenas um tipo de dinheiro que um credor não pode recusar na liquidação de uma dívida contraída na moeda emitida pelo governo[18]. Mesmo assim, é importante observar que o termo não tem definição autorizada na lei estatutária[19] inglesa[20]. No mais, refere-se somente aos meios de liquidação de dívidas contraídas em termos do dinheiro emitido pelo governo ou devido por ordem de um tribunal de justiça. Na medida em que o governo possua o monopólio da emissão de moeda e o empregue para estabelecer um tipo de dinheiro, provavelmente, também deve ter o poder de determinar por meio de que tipo de objetos podem ser liquidados débitos expressos por essa moeda. Mas isso não significa nem que todo o dinheiro precise ser moeda de curso legal, nem mesmo que todos os objetos aos quais a lei dá atributos de moeda de curso legal precisem ser dinheiro. (Há, na história, exemplos de credores forçados por tribunais a aceitar mercadorias tais como o tabaco, que dificilmente poderia ser chamado de dinheiro, como pagamento de suas reivindicações financeiras.)[21].

---

[18]Cf. Nussbaum (50), Mann (41) e Breckinridge (6).

[19] Mann (41), p.38. Por outro lado, até bem pouco, a recusa dos tribunais ingleses em lavrar sentenças com pagamento em moeda que não fosse a libra esterlina tornava esse aspecto da moeda de curso legal particularmente influente na Inglaterra. Mas é provável que mude, após a recente decisão (Miliangos v. George Frank Textiles Ltd. (1975)) que estabeleceu o precedente de que um tribunal inglês pode lavrar sentenças em moeda estrangeira em reclamações de direitos financeiros em moeda estrangeira. Assim sendo, por exemplo, é possível, agora, na Inglaterra, fazer valer uma reivindicação por uma venda em francos suíços. (*Financial Times*, 6 de novembro, 1975: o relatório é reproduzido em F.A. Hayek (31), pp.45-6).

[20] NT. *Statute law* – lei estabelecida por ato de um corpo legislativo.

[21]Nussbaum (50), pp.54-5.

Dinheiro espontâneo refuta superstição

Na imaginação popular, porém, o termo "moeda de curso-legal" viu-se cercado por uma penumbra de ideias nebulosas a respeito da suposta necessidade de o estado estabelecer a moeda. Trata-se de um resquício da ideia medieval de que é o estado que, de alguma forma, confere ao dinheiro um valor que inexistiria sem a chancela oficial. Entretanto, isso só é verdadeiro na medida em que o governo pode forçar-nos a aceitar o que bem entender em lugar daquilo que contratamos; nesse sentido, pode atribuir ao substituto o mesmo valor que o objeto original tinha para o credor. Mas a superstição de que é necessário que o governo (em geral denominado "estado", para que soe melhor) declare o que deve funcionar como dinheiro, como se ele o tivesse criado, e como se o dinheiro não pudesse existir sem ele, provavelmente teve origem na crença ingênua de que um instrumento tal como o dinheiro deve ter sido "inventado" e dado a nós por algum inventor original. Essa crença foi totalmente derrubada no momento em que passamos a compreender o fenômeno da geração espontânea de instituições não planejadas, através de um processo de evolução social, da qual o dinheiro, desde então, se tornou o paradigma (as leis, a linguagem e a moral sendo os outros principais exemplos). Quando a doutrina medieval do *valor impositus* foi revivida neste século pelo grandemente apreciado Professor Knapp, preparou-se o caminho para uma política que em 1923 arrastou o marco alemão para 1/1.000.000.000.000 de seu valor original!

A preferência pelo dinheiro privado

Certamente pode existir dinheiro, e mesmo muito satisfatório, sem qualquer intervenção do governo, embora raramente tenha sido permitido que esse dinheiro existisse por muito tempo[22]. Mas deve-se aprender a lição contida num relatório sobre a China, escrito por um autor holandês há cerca de cem anos. Nesse texto lemos a seguinte observação sobre o papel-moeda então corrente naquela região

[22] Tentativas ocasionais, por parte de autoridades de cidades comerciais, de fornecer um dinheiro que tivesse ao menos um teor metálico constante, tal como a fundação do Banco de Amsterdam, tiveram sucesso por longos períodos e seu dinheiro foi usado muito além das fronteiras nacionais. Mas, mesmo nesses casos, as autoridades, mais cedo ou mais tarde, abusaram de suas posições quase monopolistas. O Banco de Amsterdam era um agente do estado que as pessoas precisavam usar para alguns fins, e seu dinheiro constituía até uma moeda exclusiva de curso legal para pagamentos acima de uma certa quantia. Não podia, no entanto, ser usada em pequenas transações comuns ou negócios locais fora dos limites da cidade. O mesmo ocorreu, aparentemente, com experimentos semelhantes em Veneza, Gênova, Hamburgo e Nuremberg.

do mundo: *"porque não é moeda de curso legal* e porque não concerne ao estado é geralmente aceito como dinheiro"[23]. Foram os governos que nos obrigaram a aceitar apenas um tipo de dinheiro em qualquer território nacional. Mas permanece aberta a questão da necessidade ou da possibilidade de as pessoas, conhecendo as vantagens de um dinheiro melhor, obtê-lo sem toda a parafernália que gira em torno da moeda de curso legal. Além do mais, "um meio legal de pagamento" *(gesetzliches Zahlungsmittel)* não precisa ser especificamente designado por lei. Basta que a lei permita que um juiz decida em que tipo de dinheiro um determinado débito poder ser liquidado. O bom senso do assunto foi demonstrado, muito claramente, há 80, anos, por um eminente defensor de uma política econômica liberal, advogado, estatístico e alto funcionário do governo, *Lorde* Farrer. Em uma obra escrita em 1895[24], sustentava que, se as nações se limitassem a fazer unidades padrão de moeda de curso legal (do valor que adotarem), não haveria necessidade nem espaço para a aplicação de qualquer lei específica a respeito da moeda de curso legal. A lei comum dos contratos seria suficiente, sem que fosse necessária qualquer lei que atribuísse uma função especial a qualquer forma de moeda em particular. Adotamos o soberano de ouro como nossa unidade, ou padrão de valor. Se eu prometi pagar 100 soberanos, não há necessidade de nenhuma lei sobre a moeda em curso legal para dizer que sou obrigado a pagar 100 soberanos e que, se me for exigido que pague os 100 soberanos, não posso liquidar a dívida com nenhuma outra coisa.

E conclui, após examinar as típicas aplicações do conceito de moeda de curso legal:

Examinando os casos do uso ou abuso da lei da moeda de curso legal mencionados acima, exceto o último, [isto é, das moedas subsidiárias], *observamos que possuem uma característica comum – qual seja, a de a lei permitir que o devedor dê em pagamento e que o credor aceite em pagamento uma coisa diferente daquilo que versava no contrato firmado entre eles.* De fato, é uma interpretação forçada e antinatural, impingida aos negócios humanos pelo poder arbitrário[25].

---

[23] Willen Vissering (61).

[24] Lord Farrer (17), p.43.

[25] *Ibid.*, p.45. O *locus classicus* sobre esse assunto, do qual sem dúvida tirei minhas opiniões a respeito, embora o tenha esquecido quando escrevi a primeira edição deste trabalho, é a discussão a respeito da moeda de curso legal levantada por Carl Menger (43a), em 1892, sob o equivalente alemão, ainda mais apropriado, de *Zwangskurs.* Ver pp.98-106 da apostila, especialmente a p. 101, onde *Zwangskurs é* descrito como *"eine Massregel, die in der Huberwiegenden Zahk der Fälle den Zweck hat, gegen den Willen der Bevöklerung, zumindest durch einen Missbrauch der Munzhoheit oder der Notenregals entstandenepathologische* (also exceptionelle (?)). *Formen von Umlaufsmitteln, durch einen Missbrauch der Justizhoheit dem Verkehr aufzudrängen oder in demselben zu erhalten";* e p. 104, onde Menger o descreve como *"ein aufdie Forderungsberechtigten*

Acrescenta, algumas linhas abaixo, que "qualquer lei de Moeda de Curso Legal é, em sua própria natureza, 'suspeita'."[26].

A MOEDA DE CURSO LEGAL GERA INCERTEZA

Na realidade, a moeda de curso legal é simplesmente um dispositivo legal para forçar as pessoas a aceitarem, em cumprimento de um contrato, algo que não desejavam quando o celebraram. Torna-se, então, em algumas circunstâncias, um fator que aumenta a incerteza das negociações e consiste, tal como *Lorde* Farrer também observou, em relação ao mesmo contexto,

> em substituir o livre funcionamento de contratos voluntários, e a lei que apenas obriga ao cumprimento de tais contratos, por uma interpretação artificial de contratos que jamais ocorreria às partes, a não ser quando obrigadas a essa interpretação por uma lei arbitrária.

A ocasião histórica em que a expressão "moeda de curso legal" ganhou o conhecimento geral e passou a ser considerada como a definição de dinheiro exemplifica muito bem essa teoria. Nas famosas "questões de moeda de curso legal" litigiadas diante do Supremo Tribunal dos Estados Unidos após a Guerra Civil, a questão era se os credores eram obrigados a aceitar dólares, por seu valor corrente, em pagamento de suas reclamações de direitos sobre dinheiro que haviam emprestado quando o dólar tinha um valor muito mais alto[27]. O mesmo problema se apresentou de forma ainda mais aguda no final das grandes inflações europeias após a Primeira Guerra Mundial, quando, até no caso extremo do marco alemão, o princípio "marco é marco" foi imposto até o final – embora, mais tarde, tenham sido feitos alguns esforços para oferecer uma pequena compensação àqueles que mais tinham sofrido[28].

---

geubtergesetzlicher Zwang, bei Summenschulden (bisweilen auch beiSchulden anderer Art) solche Geldsorten ais Zahlung anzunehmen, welche dem ausdrucklich oder stillschweigend vereinbarten Inhalte der Forderungen nicht entsprechen, oder dieselben sich zu einen Wert aufdrangen zu lassenm derihrem Wert im freien Verkehr nicht entsprichf. Especialmente interessante é também a primeira nota de rodapé na p.102, em que Menger salienta que houvera um acordo bastante geral entre os economistas liberais a respeito desse assunto, na primeira metade do século XIX, enquanto, durante a segunda metade daquele século, através da influência de advogados (presumivelmente alemães), os economistas foram levados a considerar equivocadamente o curso legal como um atributo do dinheiro perfeito.

[26] *Ibid.*, p.47.

[27] Cf. Nussbaum (50), pp.586-592.

[28] Na Áustria, após 1922, o nome "Schumpeter" tornou-se quase um palavrão entre o povo, referindo--se ao princípio "Krone é Krone", pois o economista J. A. Schumpeter, durante sua curta gestão como ministro da fazenda, deu seu nome a uma ordem do conselho que simplesmente explicitava uma lei indubitavelmente válida, a saber: que os débitos contraídos em coroas, quando estas tinham um valor

Impostos e contratos

Um governo deve, é claro, ser livre para determinar em que moeda os impostos devem ser pagos e para celebrar contratos em qualquer moeda que lhe aprouver (dessa maneira, pode apoiar a moeda que emite ou queira favorecer), mas não há motivo para que não deva aceitar outras unidades contábeis como base para a tributação. Em pagamentos não contratuais, tais como indenizações ou compensações por danos, os tribunais deveriam decidir a moeda em que deveriam ser pagos, e poderiam, para tal, ter de desenvolver novas regras; mas não haveria necessidade de legislação especial.

Se uma moeda emitida por um governo for substituída por outra em virtude do desaparecimento desse governo, como consequência de conquista, revolução ou desmembramento de uma nação, estamos diante de um problema de fato. Nesse caso, o governo que assume o poder geralmente toma providências legais sobre o tratamento de contratos particulares expressos em termos da moeda que desapareceu. Quando um banco privado, emissor de moeda, encerra suas atividades e se torna incapaz de resgatar suas emissões, sua moeda deveria, presumivelmente, perder o valor e seus portadores não teriam como reivindicar uma compensação. Mas os tribunais podem decidir que, nesse caso, os contratos entre terceiras partes, expressos em termos daquela moeda, celebrados quando não havia razão para duvidar de sua estabilidade, deveriam ser cumpridos por meio de outra moeda que mais se aproximasse das intenções prováveis das partes contratantes.

mais alto, poderiam ser pagos em coroas depreciadas, que no final retinham apenas uma décima quinta milionésima parte de seu valor original.

Capítulo 6

A Confusão Sobre a Lei de Gresham

É um equívoco sobre o que se denomina lei de Gresham acreditar que a tendência do dinheiro ruim de afastar o dinheiro bom torna necessário um monopólio governamental. O ilustre economista W.S. Jevons enfaticamente propôs a lei sob a forma de que um dinheiro melhor não pode afastar um dinheiro pior precisamente para provar isso. É verdade que argumentou contra uma proposta do filósofo Herbert Spencer de abrir a cunhagem do ouro à livre-competição, em uma época em que as únicas moedas diferentes que existiam eram as de ouro e prata. Talvez Jevons, que havia sido levado à economia por sua experiência como verificador numa casa da moeda, mais que seus contemporâneos em geral, não considerasse seriamente a possibilidade de qualquer outro tipo de moeda. No entanto, sua indignação sobre o que descreveu como a proposta de Spencer de

que, tal como confiamos que o merceeiro nos forneça chá, que o padeiro nos forneça pães, da mesma forma podemos confiar que Heaton and Sons, ou alguma outra firma empreendedora de Birmingham, nos forneça soberanos e xelins, por sua própria conta e risco[29], levou-o a declarar, categoricamente, que, em geral, na sua opinião, "não há nada menos adequado que o dinheiro para ser deixado ao sabor da ação da competição"[30].

Talvez seja significativo o fato de que até mesmo Herbert Spencer tenha imaginado que a empresa privada deveria ter permissão para produzir o mesmo tipo de dinheiro que o governo produzia, ou seja, moedas de ouro e prata. Parece ter pensado nelas como o único tipo de dinheiro que poderia ser racionalmente considerado, e, consequentemente, que haveria, obrigatoriamente, taxas fixas de câmbio (a saber,

---

[29] W. S. Jevons (34), p.64, contrastado a Herbert Spencer (57).

[30] Jevons, *ibid.*, p.65. Uma tentativa característica anterior de justificativa para que a atividade bancária e a emissão de notas fossem consideradas exceções dentro de uma defesa geral de livre competição será encontrada em 1837 nas obras de S. J. Loyd (mais tarde *Lorde* Overstone) (38), p.49: "As vantagens normais advindas da competição para a comunidade consistem no estímulo à engenhosidade e aos esforços dos produtores, assegurando, ao público o melhor suprimento e quantidade de mercadorias ao preço mais baixo, enquanto todos os males advindos dos erros e falhas de cálculo da parte dos produtores recaem sobre eles mesmos, não sobre o público. Em relação ao papel-moeda, porém, o interesse do público é de tipo muito diverso; uma regularização estável e uniforme de sua quantidade determinada por lei é a meta a ser atingida e as consequências adversas de qualquer erro ou falha de cálculo em torno desse ponto recaem em proporção muito maior sobre o público do que sobre o emissor." É óbvio que Loyd considerava apenas a possibilidade de agências diferentes emitirem o *mesmo* dinheiro, não de moedas de denominações *diferentes* competirem umas com as outras.

de 1:1, se do mesmo peso e pureza) entre o dinheiro governamental e o privado. Se fosse esse o caso, a lei de Gresham de fato se verificaria sempre que qualquer produtor fornecesse produtos inferiores. Jevons tinha isso em mente, o que fica claro pelo fato de ele justificar sua condenação da proposta sob a alegação de que em todos os outros problemas, as pessoas são levadas pelo interesse próprio a escolher o melhor e a rejeitar o pior; mas, no caso do dinheiro, paradoxalmente, tudo se passa como se retivessem o pior e rejeitassem o melhor[31].

O que Jevons, como tantos outros, parece não ter visto, ou pode ter considerado irrelevante, é que a lei de Gresham se aplica *somente* a tipos diferentes de dinheiro entre os quais uma taxa fixa de câmbio é imposta *por lei*[32]. Se a lei torna dois tipos de dinheiro substitutos perfeitos para o pagamento de débitos e força os credores a aceitarem uma moeda de menor teor de ouro no lugar de uma com um teor mais alto, os devedores, é claro, pagarão somente com a moeda de menor teor de ouro e procurarão um uso mais lucrativo para o ouro da que o contém em mais elevado teor.

Com taxas de câmbio variáveis, porém, o dinheiro de qualidade inferior seria avaliado a uma taxa inferior e, particularmente quando seu valor estiver ameaçado de cair ainda mais, as pessoas tentariam livrar-se dele tão rapidamente quanto possível. O processo de seleção, que continuaria em direção àquilo que fosse considerado o melhor tipo de dinheiro entre aqueles emitidos pelas várias agências, rapidamente eliminaria o dinheiro considerado inconveniente ou sem valor[33]. Na verdade, sempre que a inflação realmente se acelerou, todos os tipos de objeto de valor mais estável – de batatas a cigarros, de garrafas de conhaque ou ovos a moedas estrangeiras, tais como notas de dólares – tornaram-se cada vez mais usados como dinheiro[34]. Foi por isso que, no final da grande inflação alemã, afirmava-se que a lei de Gresham era falsa, e o contrário do que preconizava essa lei, verdadeiro. Ela não é falsa, mas aplica-se somente se for estabelecida uma *taxa de câmbio fixa* entre as diferentes formas de dinheiro.

[31] Jevons, *ibid.*, p.82. A frase de Jevons foi escolhida com infelicidade pois, no sentido literal, a lei de Gresham, é claro, funciona em função de pessoas se livrarem do pior, retendo aquilo que é melhor em termos de seus objetivos pessoais.

[32] Cf. Hayek (30) e Fetter (17a).

[33] Se, como é algumas vezes citado, Gresham tivesse afirmado que o dinheiro melhor geralmente não poderia eliminar o mau, estaria errado, simplesmente, até que acrescentássemos sua premissa tácita de que uma taxa *fixa* de câmbio estivesse em efeito.

[34] Cf. Bresciani-Turroni (7), p.174: "Em condições monetárias caracterizadas por uma grande falta de confiança na moeda nacional, o princípio da lei de Gersham é revertido e o bom dinheiro elimina o mau, e o valor do último se deprecia continuamente." Mas nem mesmo ele salienta que a diferença crítica não é a "grande falta de confiança", mas a presença ou ausência de taxas de câmbio fixas efetivamente impostas.

Capítulo 7

A Limitada Experiência com Moedas Paralelas e de Comércio

Enquanto as moedas feitas com metais preciosos eram os únicos tipos de dinheiro praticáveis e de aceitação geral, com todos os substitutos próximos pelo menos redimíveis por elas (o cobre tendo sido reduzido, bem cedo, a moeda simbólica)[35], os únicos tipos de dinheiro diferentes que apareceram lado a lado foram moedas de ouro e prata.

A multiplicidade de moedas com que os antigos cambistas precisavam lidar se resumia, na verdade, somente a essas duas moedas. Seu respectivo valor, dentro de cada grupo, era determinado pelo teor que continha de cada metal (teor esse que o especialista, mas não o leigo, podia avaliar). A maioria dos príncipes havia tentado estabelecer uma taxa de câmbio fixa entre as moedas de ouro e prata, assim criando aquilo que veio a ser chamado de sistema bimetálico. Mas, uma vez que os governos, apesar de ter sido logo sugerido que essa taxa fosse fixada por meio de tratado internacional[36], estabeleceram taxas de câmbio diferentes, cada país tendia a perder todas as moedas do metal que subvalorizara em relação às taxas prevalecentes em outros países. O sistema seria, por esse motivo, descrito com maior correção como padrão alternativo, o valor de uma moeda dependendo do metal que, naquele período, fosse supervalorizado. Pouco antes de esse sistema ser finalmente abandonado, na segunda metade do século XIX, foi feito um último esforço para estabelecer, internacionalmente, uma proporção cambial uniforme de 15,5 entre o ouro e a prata. Essa tentativa poderia ter sucesso enquanto não houvesse grandes mudanças na produção. A percentagem relativamente grande do estoque total de ambos os metais em uso monetário significava que, pelo aumento ou diminuição da quantidade de metal empregado com esse fim, seus valores relativos poderiam provavelmente ser ajustados à taxa em que eram legalmente intercambiáveis como dinheiro.

---

[35] NT. Em inglês, *token money*. *Token* – símbolo, sinal, prova, indício, ficha com valor determinado (para uso, p.ex., em transporte coletivo) etc.. Dependendo do contexto, *token money* foi aqui traduzido por "moeda fiduciária", "moeda simbólica", "moeda privada" etc..

[36] Em 1582, por G. Scaruffi (57).

Moedas paralelas

Em alguns países, porém, o ouro e a prata tinham também sido moeda corrente por tanto tempo, lado a lado, que seu valor relativo oscilava de acordo com as mudanças conjunturais. Tal estado de coisas prevaleceu na Inglaterra, por exemplo, de 1663 até 1695, quando, finalmente, decretando uma taxa de câmbio entre moedas de ouro e prata na qual o ouro foi supervalorizado, o governo inglês inadvertidamente estabeleceu o padrão ouro[37]. A circulação simultânea de moedas dos dois metais, sem uma taxa fixa de câmbio entre elas, foi chamada, mais tarde, por um estudioso que morava em Hanover, onde esse sistema vigorou até 1857, de moedas paralelas (*Parallelwährung*), para distingui-lo do bimetalismo[38].

Esta forma, a única sob a qual moedas paralelas já foram amplamente usadas, demonstrou, por um motivo especial, ser extremamente inconveniente. Uma vez que, na maior parte das vezes, o grama do ouro valia mais de 15 vezes mais que o de prata, tornava-se necessário, evidentemente, usar o ouro para as unidades maiores e a prata para as menores (e o cobre para as menores ainda). Mas, havendo valores variáveis para os diferentes tipos de moeda, as unidades menores passaram a não ser iguais a frações constantes das maiores. Em outras palavras, as moedas de ouro e prata figuravam em sistemas diferentes, sem que houvesse moedas menores ou maiores dentro de seus respectivos sistemas[39]. Assim, qualquer conversão de unidades maiores para menores tornou-se um problema, e ninguém era capaz de utilizar, mesmo para fins próprios, apenas uma unidade de cálculo.

Com exceção de alguns exemplos encontrados no Extremo Oriente na época atual[40], parece ter havido pouquíssimos casos de circulação simultânea de moedas diferentes, e a lembrança da circulação paralela de moedas de ouro e prata deu má fama ao sistema. São casos interessantes por serem os únicos exemplos históricos importantes em que surgiram alguns dos problemas que geralmente ocorrem com moedas simultâneas. Entre eles merece destaque o conceito de que a quantidade de dinheiro de um país ou território não significa estritamente

---

[37] A. E. Feaveryear (16), p.142.

[38] H. Grote (23).

[39] Por algum tempo, durante a Idade Média, as moedas emitidas pelas grandes repúblicas comerciais da Itália foram intensamente usadas no comércio internacional e mantiveram, por períodos bastante longos, um teor de ouro constante, ao mesmo tempo que as moedas pequenas, na maioria de prata, tiveram o destino comum da progressiva degradação. (Cipolla (11), p.34 *passim).*

[40] G. Tullock (58) e (59); comparar com B. Klein (35).

nada em tal sistema, uma vez que só é possível somar as quantidades das diferentes moedas em circulação após sabermos o valor relativo das diferentes unidades.

Moedas comerciais

Os exemplos mais complexos, embora um tanto diferentes, do uso de várias moedas de comércio[41] também não oferecem grande ajuda. É o caso do táler de Maria Teresa, nas regiões em torno do Mar Vermelho, do dólar mexicano no Extremo Oriente, ou da circulação simultânea de duas ou mais moedas nacionais em alguns distritos de fronteira ou centros turísticos. Na verdade, nossa experiência é tão limitada, que só nos resta recorrer ao procedimento usual da teoria econômica clássica e tentar elaborar, a partir do que sabemos pela nossa experiência comum a respeito do comportamento humano em situações relevantes, um tipo de modelo mental (ou experiência de pensamento) do que aconteceria se muitos indivíduos fossem expostos a novas alternativas.

[41] Um útil resumo de informações sobre moedas de comércio aparece em Nussbaum (50), p.315.

[illegible]
des directeurs [illegible]
[illegible]

M[illegible] ROCHELAIS

[illegible]

Capítulo 8

Pondo em Circulação Moedas Fiduciárias Privadas

Tomarei como pressuposto para o restante dessa discussão, a hipótese de que será possível estabelecer várias instituições, em várias partes do mundo, que sejam livres para emitir notas num sistema competitivo e, do mesmo modo, para manter depósitos individuais com direito a emissão de cheques. Darei a essas instituições simplesmente o nome de "bancos", ou "bancos emissores" quando for necessário distingui-los de outros bancos que não emitem notas. Suponhamos também que o nome ou denominação que o banco escolhe para suas emissões será protegido como uma marca registrada contra o uso sem autorização, e que será dada a mesma proteção contra falsificações que é dada a qualquer outro documento. Esses bancos, então, competirão para que o público prefira usar suas emissões, tornando-as tão convenientes quanto possível.

O "ducado" suíço privado

Uma vez que os leitores indagarão imediatamente como essas emissões podem vir a ter aceitação geral como dinheiro, a melhor maneira de começar é provavelmente descrever como eu procederia se tivesse sob a minha responsabilidade, digamos, uma das principais sociedades anônimas bancárias da Suíça. Supondo que fosse legalmente possível (o que não averiguei), anunciaria a emissão de certificados ou notas sem direito a juros bem como a disposição de abrir contas correntes, em termos de uma unidade com marca registrada distintiva, "ducado", por exemplo. A única obrigação legal que assumiria seria a de resgatar essas notas e depósitos à vista com 5 francos suíços ou 5 marcos alemães ou 2 dólares por ducado, à escolha do portador. Esse valor de resgate seria, porém, na verdade, apenas um piso, abaixo do qual o valor da unidade não poderia cair, pois eu anunciaria, ao mesmo tempo, minha intenção de regular a quantidade de ducados de forma a manter constante, na medida do possível, seu poder aquisitivo (definido com precisão). Exporia, também, ao público, minha total consciência de que só me seria possível manter esses ducados em circulação se eu atendesse à expectativa de que seu valor legal seria mantido aproximadamente constante. Anunciaria, também, meu propósito de, a intervalos regulares, divulgar o equivalente exato do bem em termos do qual pretendesse manter constante o valor do ducado, mas me reservaria o direito de, após a divulgação, alterar a composição dos bens usados como padrão, de acordo com o que me ensinasse a experiência e me revelassem as preferências demonstradas pelo público.

Contudo, seria preciso, evidentemente, que o banco emitente – muito embora pareça não ser nem necessário nem desejável que ele se comprometa legalmente a manter o valor de sua unidade – especificasse, em seus contratos de empréstimo, que qualquer empréstimo poderia ser amortizado ou pelo seu valor nominal na sua própria moeda, ou por quantias correspondentes de qualquer outra moeda ou moedas em quantidade suficiente para comprar, no mercado, o equivalente em bens, que haviam sido usados como padrão, quando o empréstimo foi contraído. Mas, uma vez que o banco iria emitir sua moeda, em grande parte, em função dos empréstimos que fizesse, os pretendentes a empréstimos poderiam muito bem ser desencorajados pela possibilidade formal de o banco elevar arbitrariamente o valor de sua moeda. Por isso seria necessário tranquilizá-los explicitamente quanto a essa possibilidade.

Esses certificados ou notas e o crédito contábil equivalente seriam postos à disposição do público através de empréstimos a curto prazo ou de vendas por outras moedas. Presumivelmente, graças à opção que ofereceriam, as unidades seriam vendidas, de início, a um preço superior ao valor par de quaisquer outras moedas nas quais fossem resgatáveis. E, à medida que as moedas governamentais continuassem a se desvalorizar em termos reais, essa diferença aumentaria. O valor real do preço pelo qual os ducados fossem inicialmente vendidos seria o padrão que o emissor deveria tentar manter constante. Se as moedas existentes continuassem a desvalorizar-se (e a disponibilidade de uma alternativa estável pudesse realmente acelerar esse processo), a demanda por uma moeda estável rapidamente aumentaria, e logo surgiriam empresas concorrentes oferecendo unidades semelhantes, mas com nomes diferentes.

A venda (direta ao público ou por leilão) seria, a princípio, a única maneira de emitir a nova moeda. Após ter-se estabelecido um mercado regular, essa moeda normalmente só seria emitida no decorrer de negociações bancárias de rotina, isto é, através de empréstimos a curto prazo.

Valor constante, mas não fixo

Pode ser prudente que a instituição emissora anuncie, de início, exatamente em termos de qual conjunto de bens pretende manter constante o valor do "ducado". Mas não seria nem necessário nem desejável que ela se prendesse legalmente a um padrão específico. A avaliação da resposta do público a ofertas competitivas iria mostrando, gradualmente, que combinação de bens constituiria o padrão mais desejável em qualquer momento ou lugar. Alterações na importância dos bens e no volume em que foram comercializados, assim como a relativa estabilidade dos bens ou sensibilidade de seus preços (especialmente em relação a saber até que ponto são determinados de maneira competitiva ou não), podem sugerir alterações que deem maior popularidade à moeda. De um modo geral, eu esperaria que, por motivos que serão explicados mais tarde, (Seção XIII) uma seleção de preços de matérias primas, tal como se sugeriu para a base de um padrão de reserva de bens[42], pareceria muito apropriada, tanto do ponto de vista do banco emitente como no que concerne aos efeitos da estabilidade do processo econômico como um todo.

Controle do valor através da competição

Em muitos aspectos, o sistema proposto deve deixar evidente tratar-se de um método mais viável para se atingir tudo que se podia esperar de um padrão de reserva lastreado em mercadoria ou de um outro tipo qualquer de "padrão tabular". Ao mesmo tempo, o sistema eliminaria a necessidade de total automatização, retirando o controle das mãos de uma autoridade monopolista e confiando-o a empresas privadas. A ameaça da rápida ruína dos negócios dessas empresas, caso elas falhassem em atender às expectativas (e como qualquer organismo governamental certamente abusaria da oportunidade de brincar com preços de matérias primas!) constituiria uma salvaguarda muito maior do que qualquer outra que se pudesse inventar contra o monopólio governamental. A concorrência certamente demonstraria ser uma restrição mais eficaz – uma vez que força as instituições emitentes a manter constante o valor de suas moedas (em termos de um conjunto expresso de bens) – do que qualquer obrigação de resgatar a moeda com esses bens (ou com ouro). Seria também um método muito mais barato do que a acumulação e a estocagem de materiais valiosos.

O dinheiro privado dependeria de um tipo de confiança não muito diferente daquele que hoje em dia sustenta toda a atividade bancária (ou que, nos Estados Unidos, sustentava essa atividade antes do esquema de garantia governamental dos depósitos!). As pessoas hoje

---

[42] Cf. Hayek (30), pp.318-320.

têm certeza de que um banco, para preservar suas atividades, deve conduzir seus negócios de tal forma, que possa, a qualquer momento, trocar depósitos em conta corrente por dinheiro, embora saibam que os bancos não teriam dinheiro suficiente para fazê-lo se todos exercessem, ao mesmo tempo, o seu direito de exigir pagamento imediato. Assim também seria no esquema proposto: os gerentes do banco aprenderiam que seus negócios iriam depender da confiança – que deveria ser inabalável – no fato de que eles iriam sempre regular a emissão de ducados (etc.) de modo a manter o poder aquisitivo das pessoas num nível aproximadamente constante.

Seria o risco do empreendimento grande demais para justificar a participação de indivíduos com o tipo de temperamento conservador que talvez fosse necessário para bem conduzi-lo?[43]. Não se pode negar que, uma vez anunciado o empreendimento, a decisão sobre que porte deverá atingir o compromisso deve ser tirada das mãos da instituição emissora. Para atingir a meta divulgada de manter constante o poder aquisitivo de sua moeda, sua quantidade deveria ser prontamente adaptada a qualquer alteração na demanda, quer por aumento, quer por decréscimo. Na verdade, enquanto o banco conseguir manter constante o valor de sua moeda, não haverá razão para temer uma repentina redução da demanda (embora concorrentes bem sucedidos possam muito bem conquistar fatias de seu mercado). A situação mais complicada que poderia surgir seria um rápido crescimento da demanda, ultrapassando os limites que uma instituição privada estabeleceu para si mesma. Mas podemos ter certeza de que, caso haja sucesso, novos concorrentes logo pouparão ao banco essa ansiedade.

O banco emitente poderia, de início, a um custo que não seria proibitivo, manter, em dinheiro, uma reserva de 100% das moedas em termos das quais prometeu resgatar suas emissões e, ainda assim, usar livremente o ágio recebido para negócios em geral. Mas, uma vez que essas outras moedas tivessem sido, como resultado de maior inflação, substancialmente

[43] Quanto à questão da atratividade, a análise feita por S. Fischer (18) sobre a clara relutância em relação à iniciativa de emitir letras reajustáveis é bastante relevante. É verdade que um aumento gradual do valor das notas emitidas por um banco em termos de outras moedas simultâneas pode gerar uma situação em que o valor global de suas notas em circulação (mais suas obrigações de outras fontes) excedesse seu patrimônio global. O banco não deverá, é claro, ser legalmente responsável pelo resgate de suas notas a esse valor, mas só poderá preservar seus negócios se de fato puder comprar imediatamente, ao preço em vigor, todas as suas próprias notas que lhe fossem oferecidas. Enquanto tivesse sucesso cm manter o real valor de suas notas, jamais seria chamado a comprar de volta mais do que uma fração da circulação. Provavelmente ninguém duvidaria que um *marchand* de arte que possuísse as matrizes de uma gravura de um artista famoso poderia, enquanto suas obras estivessem em moda, manter o valor de mercado dessas gravuras através de criteriosas compras e vendas, embora jamais pudesse comprar de volta todas as reproduções existentes. Do mesmo modo, um banco poderia certamente manter o valor de suas notas, mesmo que jamais pudesse comprar de volta todas as que estivessem em circulação.

depreciadas em relação ao ducado, o banco deveria estar preparado – a fim de manter o valor do ducado – para comprar de volta quantidades substanciais de ducados à mais alta taxa de câmbio existente. Isto significa que teria de ser capaz de liquidar rapidamente investimentos de quantias realmente elevadas. Esses investimentos deveriam, portanto, ser escolhidos com muito cuidado, para que uma corrida de demanda por sua moeda não lhe crie problemas quando, for obrigado a dividir o mercado com imitadores. Incidentalmente, a dificuldade de encontrar investimentos seguros de valor estável para fazer face a obrigações também de valor estável não seria tão difícil para esse banco que estamos considerando quanto parecem achar os banqueiros de hoje: todos os empréstimos feitos em sua própria moeda seriam naturalmente ativos estáveis. O fato singular de que tal banco emitente tenha realizáveis e exigíveis em termos de uma unidade cujo valor ele próprio iria determinar – muito embora não pudesse fazê-lo arbitrariamente ou caprichosamente sem destruir a base de seus negócios – poderia, inicialmente, parecer perturbador, mas não cria dificuldades reais. Os problemas contábeis, que podem, de início, parecer difíceis, logo desaparecem quando se considera que tal banco naturalmente faria sua contabilidade em termos de sua própria moeda. Suas notas em circulação e os seus depósitos não se constituem um exigível em termos de uma outra unidade de valor; ele próprio determina o valor da unidade com base na qual resgata o seu exigível e escritura sua contabilidade. Essa proposta não mais parecerá perturbadora quando nos lembrarmos de que é precisamente isso que todos os bancos centrais fazem há vários séculos – para ser exato, obviamente, suas notas não eram de modo algum resgatáveis. Mas notas que podem valorizar-se em relação à maior parte de outros bens de capital podem realmente criar, para os contadores, problemas com os quais eles nunca tiveram que lidar. Inicialmente, o banco emitente deveria, é claro, estar sob uma obrigação legal de resgatar sua moeda em termos das outras moedas contra as quais foram inicialmente emitidas. Mas, após essa moeda ter existido por algum tempo, as outras podem ter tido o seu valor reduzido para um valor insignificante ou podem mesmo ter desaparecido totalmente[44].

---

[44] Uma real dificuldade poderia surgir se houvesse um súbito e considerável aumento na demanda por uma moeda assim estável – talvez em decorrência de alguma crise econômica aguda. Nesse caso, a demanda teria de ser atendida *pela compra, com essa moeda, de grandes quantidades de outras moedas.* O banco naturalmente precisaria impedir tal aumento de valor e só poderia fazê-lo aumentando sua oferta. Mas comprar outras moedas daria a ele um ativo que provavelmente se depreciaria em termos de sua própria moeda. Provavelmente não poderia aumentar muito rapidamente seus empréstimos a curto prazo, mesmo se oferecesse empréstimos a uma taxa de juros muito baixa e mesmo que, em tal situação, fosse mais seguro emprestar – ainda que a uma baixa taxa negativa de juros-, do que comprar outras moedas. Provavelmente, seria possível também conceder empréstimos a longo prazo a taxas muito baixas contra títulos de crédito negociáveis (em termos de sua própria moeda), os quais teriam venda mais fácil caso o súbito aumento da demanda por sua moeda fosse rapidamente revertido.

Capítulo 9

Competição Entre Bancos que Emitem Moedas Diferentes

Há tanto tempo se considera evidente por si mesma a ideia de que o suprimento monetário não pode ser deixado ao sabor da competição, que provavelmente poucos saberão explicar o porquê disso. Como vimos, a justificativa parece estar na suposição de que deve haver apenas *uma* moeda uniforme em cada país e que a competição consistiria no fato de haver diversas entidades emitindo independentemente a mesma moeda. Contudo, é obviamente inviável permitir que moedas de mesmo nome, intercambiáveis entre si, sejam emitidas competitivamente, uma vez que ninguém estaria em posição de controlar sua quantidade e, portanto, de ser responsável por seu valor. A questão a ser examinada é se a competição entre os emissores de tipos de moeda claramente distinguíveis, que constituem unidades *diferentes,* não nos daria um tipo de dinheiro que, por ser melhor do que qualquer outro que já tivéssemos tido, compensasse, em muito, a inconveniência de haver mais de um tipo de dinheiro (embora a maioria das pessoas nem sequer tivesse de manuseá-lo).

Nessas condições, o valor da moeda emitida por um banco não seria necessariamente afetado pelas ofertas de outras moedas feitas por entidades diferentes (privadas ou governamentais). Caberia, também, a cada emissor de uma moeda distinta regular sua quantidade de forma a torná-la mais aceitável para o público – e a competição o forçaria a agir dessa forma. Realmente, o emissor saberia que a penalidade por fracassar em atender às expectativas despertadas seria a imediata ruína de seus negócios. O sucesso nessa atividade seria, evidentemente, muito lucrativo, e o êxito dependeria de estabelecer a credibilidade e a confiança de que o banco estivesse capacitado e determinado a levar a efeito as intenções que tivesse divulgado. Parece que, nessa situação, o mero desejo de lucro já poderia produzir um dinheiro melhor do que o que o governo jamais produziu[45].

---

[45] Além de bilhetes e cheques de um determinado tipo de dinheiro, seria necessário, naturalmente, que o respectivo banco emitente também fornecesse moedas para troco. A disponibilidade dessas moedas poderia ser um fator importante para tornar popular aquele tipo de dinheiro. Seria, também, provavelmente, o hábito de se usar um determinado tipo de moeda (especialmente em máquinas de venda, para pagar passagens de ônibus, dar gorjetas, etc.) que asseguraria a predominância de determinado tipo de dinheiro no comércio varejista de uma localidade. Uma competição eficiente entre diferentes tipos de dinheiro seria provavelmente, em grande parte, restrita ao uso interempresarial: o comércio varejista iria acompanhar as decisões quanto à moeda em que seriam pagos os salários.

Surgiriam alguns problemas especiais nas situações em que as atuais práticas de venda se baseiam no

Efeitos da competição

Parece ser bem claro que:

a) *uma moeda cujo poder aquisitivo se espera que seja preservado em nível aproximadamente o mais constante possível estaria em contínua demanda enquanto as pessoas tivessem liberdade de usá-la;*

b) *pelo fato de essa demanda depender do êxito em manter o valor da moeda constante, seria possível confiar em que os bancos emitentes fariam mais esforços para atingir esse valor constante do que qualquer monopolista que não corre risco algum por depreciar sua moeda;*

c) *a entidade emitente poderia atingir esse resultado regulando a quantidade de suas emissões;* e

d) *tal regulagem da quantidade de cada moeda constituiria o melhor dos métodos práticos de regular a quantidade de meios de troca para todos os fins possíveis.*

É claro que vários emissores de diferentes moedas concorrentes teriam de competir quanto à qualidade das moedas que oferecessem para empréstimo ou venda. Uma vez que emissores concorrentes tivessem demonstrado, de maneira confiável, que fornecem moedas mais adequadas às necessidades do público do que o governo jamais pôde fornecer, não haveria obstáculo à sua aceitação geral em detrimento da moeda governamental – pelo menos em países onde o governo tivesse eliminado todos os obstáculos a seu uso. O surgimento e o uso crescente das novas moedas evidentemente diminuiria a demanda pelas moedas nacionais existentes e, a não ser que seu volume se reduzisse rapidamente, a consequência seria sua depreciação. É

---

uso geral de moedas uniformes, com padrões unitários, pouco numerosos e de denominações relativamente pequenas, como é o caso, por exemplo, das máquinas de venda direta ao consumidor operadas por moedas, de transportes e de telefones. Provavelmente, mesmo em lugares onde várias moedas diferentes estivessem em uso geral, um grupo de pequenas moedas poderia vir a predominar. Se, como parece provável, o valor da maior parte dessas moedas concorrentes fosse mantido praticamente igual, o problema técnico do uso de moedas poderia ser resolvido de várias formas. Uma delas poderia ser a criação de uma entidade, por exemplo, uma associação de varejistas, especializada na emissão de moedas uniformes a preços de mercado ligeiramente flutuantes. Comerciantes e empresas de transporte e comunicação de um local poderiam unir-se para vender, a preços de mercado e provavelmente através dos bancos, um conjunto comum de fichas a serem usadas em todas as máquinas automáticas na localidade. Podemos certamente esperar que a criatividade comercial fosse solucionar prontamente essas dificuldades menores. Outra solução possível seria a substituição das aluais moedas por outras de plástico ou por fichas com marcas eletrônicas que toda caixa registradora ou máquina operada por moedas seria capaz de identificar e cuja "assinatura" seria legalmente protegida contra falsificação, como acontece com qualquer outro documento de valor.

através desse processo que as moedas não confiáveis seriam todas gradualmente eliminadas. A condição necessária para que esse processo de substituição do dinheiro governamental não se estendesse até o ponto de esse dinheiro desaparecer inteiramente seria o governo reformular a emissão de sua moeda e assegurar que essa emissão seria regida pelos mesmos princípios que regessem as emissões de instituições privadas concorrentes. Não é muito provável que obtivesse êxito, pois, para evitar uma acelerada depreciação de sua moeda; seria preciso que respondesse às novas moedas por meio de uma rápida retração de suas próprias emissões.

"Mil cães de fila": a imprensa vigilante

O exame minucioso que a imprensa faria não só da conduta dos bancos emitentes mas também da situação das taxas de câmbio tornaria acirrada a competição entre esses bancos emitentes. Para que empresários pudessem tomar a importante decisão de qual moeda usar em contratos e contabilidade, a imprensa financeira divulgaria, diariamente, todas as informações possíveis, que lhe seriam fornecidas pelos próprios bancos emitentes, para que transmitisse ao público. De fato, mil cães de fila cairiam sobre o desafortunado banqueiro que falhasse na pronta reação necessária para garantir a segurança do valor da moeda que emite. Os jornais provavelmente imprimiriam diariamente uma tabela, não só das atuais taxas de câmbio entre as moedas, mas, também, do valor corrente, e dos desvios do padrão de valor anunciado em termos de bens por parte de cada uma das moedas que seriam provavelmente usadas por seus leitores. Essas tabelas poderiam ser semelhantes à Tabela I (com as iniciais das instituições emitentes aparecendo após o nome das moedas que emitem).

Tabela I

Ilustração de possíveis desvios no preço de moedas

Desvios de Moeda	*Padrão anunciado (%)*	*Nosso padrão-teste (%)*
Ducados (SGB)	– 0,04	– 0,04
Florins (FNB)	+ 0,02	+ 0,03
Mengers (WK)	+ 0,10	+ 0,10
Piastras (DBS)	– 0,06	– 0,12
Réis (CNB)	**– 1,02**	**– 1,01**
Shekels (ORT)	– 0,45	– 0,45
Talentos (ATBC)	+ 0,26	+ 0,02

Nada seria mais temido pelos banqueiros do que ver a cotação da moeda que emite em negrito, indicando uma queda do seu valor abaixo do padrão de tolerância estabelecido pelo jornal que publicasse a tabela.

Três perguntas

Este esboço da competição entre várias instituições emitentes privadas requer respostas a várias questões. São essas perguntas e respostas que serão mais detidamente examinadas nas seções seguintes.

- A primeira questão tem uma dupla face: uma instituição concorrente que emite sua própria moeda será sempre capaz de regular seu valor através do controle de sua quantidade, de forma a torná-la mais atraente do que outras moedas? Até que ponto outros emissores de moeda podem, com sua política, interferir nesse esforço?

- A segunda questão é a seguinte: qual valor (ou outro atributo de uma moeda) o público preferirá, se diferentes bancos anunciarem que é sua intenção manter constantes os valores anunciados de suas moedas (e demonstrarem sua habilidade para fazê-lo)?

- E a terceira questão, cuja importância não é menor, é esta: o tipo de dinheiro que a maioria das pessoas preferirá usar individualmente também será o que melhor atenderá o interesse geral? Embora se possa, a princípio, pensar que as coisas devam necessariamente se processar assim, isso não é inapelavelmente verdadeiro. É compreensível que o sucesso dos esforços de cada indivíduo dependa não só do dinheiro que ele próprio usa mas também dos efeitos do dinheiro usado por outros, e que os benefícios que obtém para si mesmo ao usar um tipo especial de dinheiro podem, em tese, ser mais do que anulados pelas perturbações causadas por seu uso generalizado. Não creio que isto ocorrerá no nosso caso, mas a questão certamente precisa ser explicitamente analisada.

Antes de podermos aprofundar a discussão da interação entre moedas, será útil dedicar uma seção à discussão do que, precisamente, queremos dizer com dinheiro ou moeda e seus diferentes tipos, e as várias maneiras pelas quais podem diferir uma das outras.

Capítulo 10

Digressões Sobre a Definição de Dinheiro

Costuma-se definir dinheiro como o meio de troca geralmente aceito[46], mas não há razão para que, dentro de uma determinada comunidade, deva haver apenas um tipo de dinheiro que seja geralmente (ou pelo menos amplamente) aceito. Na cidade austríaca fronteiriça com a Alemanha em que vivo há alguns anos, os comerciantes, bem como a maior parte dos outros empresários, aceitam, com a mesma facilidade, marcos alemães ou xelins austríacos, e é somente a lei que impede que os bancos alemães em Salzburgo efetuem suas transações em marcos alemães, da mesma maneira que o fazem a dez milhas de distância, no lado alemão da fronteira. O mesmo se pode dizer de centenas de outros centros turísticos na Áustria, frequentados principalmente por alemães. Na maioria deles, os dólares serão também aceitos quase que com a mesma facilidade que os marcos alemães. Creio que a situação não é muito diversa em ambos os lados de longos trechos de fronteira entre os Estados Unidos e o Canadá ou México, e provavelmente ao longo de muitas outras fronteiras.

No entanto, embora em tais regiões todos possam estar dispostos a aceitar várias moedas à taxa de câmbio do dia, indivíduos podem usar diferentes tipos de dinheiro para guardar (como reservas líquidas), visando a contratos de pagamentos futuros, ou para fins contábeis, e a comunidade pode responder da mesma maneira às alterações na quantidade das diferentes moedas.

---

[46] Essa definição foi estabelecida por Carl Menger (43), cuja obra deveria também ter definitivamente posto de lado a concepção medieval de que o dinheiro, ou o valor do dinheiro, é uma criação do estado. Vissering (61), p.9, relata que, em tempos remotos, os chineses expressavam suas noções de dinheiro através de um termo que significa, literalmente, "mercadoria corrente". A concepção mais corrente, hoje-cm dia, de que o dinheiro é o ativo de maior liquidez vem, obviamente, a dar no mesmo – como salientou Carlile (8), já em 1901. Servir como meio de troca amplamente aceito é a única função que um objeto deve preencher para que seja qualificado como dinheiro, embora um meio de troca geralmente aceito normalmente deva preencher também as funções adicionais de ser unidade de cálculo, guarda de valor, padrão de pagamentos futuros, etc.. A definição de dinheiro como "meio de pagamento", contudo, c meramente circular, já que esse conceito pressupõe dívidas contraídas cm termos de dinheiro. Cf. L. V. Mises (45), pp.34 *passim*. A definição de dinheiro como o meio de troca geralmente aceito não significa, necessariamente, que, mesmo dentro de um território nacional, deva haver um único tipo de dinheiro que seja mais aceitável do que todos os outros; pode haver vários tipos de dinheiro igualmente aceitáveis (que podemos, por conveniência, chamar de moeda), particularmente se um tipo pode ser rapidamente trocado pelos outros, a uma taxa conhecida, mas não fixa.

Quando falamos em diferentes tipos de dinheiro, temos em mente unidades de diferentes denominações, cujos valores relativos podem oscilar uns em relação aos outros. A oscilação desses valores deve ser enfatizada por não ser a única maneira de distinguir os meios de troca uns dos outros. Também podem, esses valores, ser bastante diferenciados, mesmo quando expressos em termos da mesma unidade, pelo seu grau de aceitação (ou liquidez, isto é, na própria qualidade que os faz serem dinheiro), ou em termos dos grupos de pessoas que prontamente os aceitam. Isso significa que diferentes tipos de dinheiro podem distinguir-se uns dos outros em mais de uma dimensão.

Não há distinção clara entre dinheiro e não dinheiro

Isso também significa que – embora habitualmente se aceite o fato de que existe uma clara linha divisória entre o que é e o que não é dinheiro, e a lei geralmente tente estabelecer essa distinção –, quando se trata dos efeitos causadores de eventos monetários tal diferença não é tão clara. O que encontramos é, ao contrário, um *continuum* em que objetos com vários graus de liquidez, ou com valores que podem oscilar independentemente, se confundem um com o outro quanto ao grau em que funcionam como dinheiro[47].

Sempre considerei útil explicar a meus alunos que é pena qualificarmos o dinheiro como substantivo, e que seria mais útil para a compreensão dos fenômenos monetários se "dinheiro" fosse um adjetivo descrevendo uma propriedade que diferentes objetos poderiam possuir, em *graus* variados[48]. "Moeda corrente" é, por esse motivo, uma expressão mais adequada, uma vez que objetos podem ter curso, em graus variáveis, e em diferentes regiões ou setores da população.

Pseudo-exatidão, medida estatística

Defrontamo-nos, agora, com a dificuldade de explicar os fenômenos da vida econômica que ainda não foram bem definidos. A fim de simplificar nossa explanação, evitando interconexões muito complexas que, de outra forma, se tornariam muito difíceis de acompanhar, introduzimos distinções nítidas entre os atributos dos objetos, atributos esses cujas diferenças, na vida real, não são assim tão nítidas, mas

[47] Cf. J. R. Hicks (33).

[48] Por esse motivo, Machlup fala, ocasionalmente, por exemplo, (39), p.225, de "dinheiridade" e "quase-dinheiridade".

apenas graduais. É o que ocorre quando tentamos estabelecer uma distinção muito clara entre objetos tais como bens e serviços, bens de consumo e bens de capital, bens duráveis e perecíveis, renováveis e não renováveis, específicos e versáteis, substituíveis e não substituíveis. Todas essas distinções são muito importantes, mas podem ser muito enganosas se, na popular luta pela pseudoexatidão, tratarmos essas classes com quantidades mensuráveis. Está aí uma simplificação que talvez seja ocasionalmente necessária, mas que é sempre perigosa e tem favorecido muitos erros em economia. As diferenças, embora sejam importantes, não significam que seja possível separar, claramente e sem ambiguidade, essas coisas em duas ou mais classes distintas. Frequentemente o fazemos e, muitas vezes, talvez, precisemos falar como se essa divisão fosse verdadeira. Mas esse costume pode ser muito ilusório e levar a conclusões totalmente errôneas[49].

FICÇÕES LEGAIS E TEORIA ECONÔMICA DEFICIENTE

De maneira semelhante, a ficção legal de que há uma coisa claramente definida chamada "dinheiro" que se pode distinguir inequivocamente de outras coisas, ficção essa introduzida para facilitar o trabalho do advogado ou do juiz, nunca foi nem será verdadeira, na medida em que seja necessário fazer referência a coisas que produzem os efeitos característicos de eventos ligados ao dinheiro. Essa ficção, contudo, causou muito mal, por conduzir à exigência de que, para determinados fins, só se possa empregar o "dinheiro" emitido pelo governo, ou de que deva sempre haver algum tipo de objeto único que possa ser considerado como o "dinheiro" do país. Levou também, como veremos, ao desenvolvimento, na teoria econômica, de uma explicação do valor de unidades monetárias que em nada contribui para solucionar os tipos de problemas que pretendemos examinar aqui, muito embora apresentem pressuposições simplificadas que nos permitem algumas aproximações simples.

Para podermos prosseguir, será importante ter em mente que diferentes tipos de dinheiro podem diferir um do outro em duas dimensões distintas, embora não totalmente estanques: aceitação (ou

---

[49] Do emprego dessa prática, a que especialmente os estatísticos são afeitos, depende a aplicabilidade das técnicas utilizadas por estes últimos. Embora haja uma tendência popular em economia de aceitar que somente teorias *estatisticamente* verificáveis nos tenham fornecido algumas úteis aproximações da verdade, a grosso modo, tal como a teoria quantitativa dos valores do dinheiro, essas teorias calcadas em verificações estatísticas adquiriram uma reputação que efetivamente não merecem. A ideia discutida no texto torna inadequada, na prática, a maioria das formulações quantitativas da teoria econômica. Introduzir pronunciadas distinções que não existem no mundo real, com a finalidade precípua de tornar um assunto passível de tratamento matemático, não torna esse assunto mais científico, muito pelo contrário.

liquidez) e o comportamento esperado (estabilidade ou variabilidade) de seu valor. A expectativa de estabilidade evidentemente afetará a liquidez de um tipo particular de dinheiro, mas pode ser que, a curto prazo, a liquidez seja, às vezes, mais importante que a estabilidade, ou que a aceitação de um dinheiro mais estável possa, por algum motivo, ser restrita a círculos bastante limitados.

Significados e Definições

Talvez seja esse o lugar mais conveniente para acrescentar afirmações explícitas sobre as acepções em que usaremos outros termos que ocorrem com frequência. Terá ficado claro que, no presente contexto, é mais prático falar de "moedas correntes" do que de "dinheiros", não só porque é mais fácil usar o primeiro termo no plural, mas também porque, como vimos, o termo "moedas correntes" enfatiza um determinado atributo. Também empregaremos a expressão "moedas correntes", talvez indo um pouco contra a acepção original do termo, de forma a incluir não somente papéis e qualquer outro tipo de dinheiro "que corre de mão em mão", mas também saldos bancários sujeitos a cheque e outros meios de troca que podem ser usados para a maioria dos fins para os quais se usam cheques. Não há, porém, como acabamos de assinalar, qualquer necessidade de uma distinção pronunciada entre o que é e o que não é dinheiro. Será melhor que o leitor permaneça cônscio de que temos de lidar com um *conjunto* de objetos que tem um grau variado de aceitabilidade, e que se confundem, na faixa inferior, com objetos que claramente não são dinheiro.

Embora frequentemente façamos referência às instituições que emitem moeda corrente simplesmente como "bancos", isto não quer dizer que todos os bancos deverão emitir dinheiro. O termo "taxa cambial" será usado em todo o texto em relação a taxas de câmbio entre moedas; e o termo "bolsa de moedas correntes" (análogo a bolsa de valores), para o mercado organizado de moedas correntes. Ocasionalmente, falaremos também em "substitutos do dinheiro", quando tivermos que examinar casos limítrofes na escala de liquidez – tais como cheques de viagem, cartões de crédito e saque bancário a descoberto – em relação aos quais seria arbitrário afirmar que são ou não são parte do meio circulante.

Capítulo 11

A Possibilidade de Controlar o Valor de uma Moeda Competitiva

A principal atração que o emissor de uma moeda corrente competitiva tem a oferecer a seus clientes é a segurança de que seu valor será mantido estável (ou que a moeda será forçada a comportar-se de maneira previsível). Deixaremos para a Seção XII a questão de saber precisamente que tipo de estabilidade será, provavelmente, preferido pelo público. Por enquanto, ficaremos concentrados em discutir se um banco que compete com outros emissores de moedas correntes semelhantes terá ou não o poder de controlar a quantidade de sua emissão particular de forma a determinar o valor de mercado da moeda que emite.

O valor esperado de uma moeda corrente não será, evidentemente, a única consideração que levará o público a tomar empréstimos nessa moeda ou a comprá-la. Mas o valor esperado será o fator decisivo que determina qual é a quantidade dessa moeda que o público desejará manter como reserva. A partir daí o banco emitente logo descobrirá que o desejo do público de *manter* sua moeda corrente *como reserva* será a circunstância essencial de que depende seu valor. De início, talvez pareça óbvio que o emitente exclusivo de uma moeda corrente – que, como tal, tem total controle sobre sua oferta – será capaz de determinar seu preço enquanto houver quem a queira àquele preço. Se, como suporemos provisoriamente, o objetivo de um banco emitente for manter constante o preço global de um conjunto específico de bens em termos de sua moeda, esse banco teria de regular a quantidade da moeda em circulação para contrabalançar qualquer tendência de queda ou elevação daquele preço global.

Controle por meio de compra e venda de moeda e empréstimos (a curto prazo)

O banco emitente terá duas maneiras de alterar o volume de sua moeda em circulação: pode vender ou comprar sua moeda com outras moedas (ou títulos e, possivelmente, alguns bens); e pode contrair ou expandir suas atividades de empréstimo. A fim de reter o controle de sua atual circulação, deverá restringir, de um modo geral, seus empréstimos a contratos de prazos relativamente curtos, de modo que, reduzindo ou deixando de conceder novos empréstimos por algum tempo, os resgates dos atuais empréstimos trariam uma rápida redução de sua emissão total.

Para manter constante o valor da sua moeda, a principal preocupação seria a de jamais aumentar sua emissão além do total que o público estaria disposto a manter como reserva sem aumentar seus gastos nessa moeda, para não provocar uma queda nos preços das mercadorias em termos dessa moeda; tampouco deveria reduzir a quantidade ofertada abaixo do que o público deseja manter como reserva, sem reduzir seus gastos nessa moeda, para não provocar uma elevação nos preços. Na prática, muitas, ou mesmo a maior parte, das mercadorias em termos das quais a moeda deverá ser mantida estável seriam correntemente comercializadas e cotadas, sobretudo em termos de algumas outras moedas concorrentes (especialmente se, como sugerimos na Seção XIII, forem principalmente preços de matérias primas ou preços de alimentos no atacado). O banco, portanto, deveria estar atento ao efeito provocado por alterações na circulação de suas moedas não tanto no que concerne diretamente ao preço de outras mercadorias mas muito mais no que diz respeito às taxas de câmbio com as moedas mais usadas no comércio dessas mercadorias. Como a tarefa de avaliar as taxas de câmbio apropriadas (considerando as taxas de câmbio dadas entre as diferentes moedas) é extremamente complexa, a utilização de computadores é valiosíssima, na medida em que eles proporcionam cálculos quase instantâneos. Desse modo, o banco saberia, a cada hora, se deveria aumentar ou diminuir as quantidades de sua moeda a serem ou oferecidas como empréstimos ou postas à venda. Seria necessário que o banco agisse rapidamente, comprando ou vendendo imediatamente na bolsa de moedas. Um efeito duradouro, contudo, só seria obtido através da alteração da política de empréstimos.

Atual política de emissão

Talvez fosse útil detalhar melhor o procedimento que um banco emitente deveria adotar a fim de manter constante o valor escolhido para sua moeda. A base das decisões diárias a respeito de sua política de empréstimos (e de suas vendas e compras de moedas na bolsa de moedas) deveria ser o resultado de um cálculo constante feito por computador, ao qual se iriam fornecendo as mais recentes informações sobre preços de mercadorias e taxas de câmbio à medida que essas informações fossem sendo recebidas. O caráter desse cálculo pode ser ilustrado pela tabela resumida que se segue (Tabela II). (Deixo de lado a questão de saber até que ponto custos como o do transporte do mercado principal até o centro comum – ou como os custos representados por outros itens distintos relacionados a diferentes formas de transporte – devessem ser ou não considerados).

A informação essencial seria o número guia no canto inferior direito, resultado ou das quantidades dos diferentes bens terem sido escolhidos de tal forma que, na data base, seu preço global em ducados fosse 1.000, ou que 1.000 fosse usado como a base de um número índice. Esse número e suas alterações correntes serviriam como um sinal que indicaria a todos os executivos do banco o que fazer. O aparecimento do número 1.002 na tela lhes diria para restringir ou apertar os controles, isto é, selecionando ou tornando os empréstimos mais caros e vendendo outras moedas mais desembaraçadamente; o número 997 lhes diria que poderiam relaxar um pouco e expandir. (No gabinete do presidente do banco, um impresso especial do computador lhe informaria de que seus executivos haviam prontamente seguido as instruções.). O efeito dessa contração ou expansão sobre os preços das mercadorias seria principalmente indireto, podendo ser medido através das taxas cambiais relativas às moedas mais usadas na comercialização desses bens. Seria direto somente em relação a bens comercializados principalmente em ducados.

O mesmo sinal apareceria na bolsa de moedas e, se o banco fosse conhecido por tomar medidas eficazes e rápidas para corrigir qualquer desvio, esse fato faria com que os esforços do banco fossem auxiliados por uma elevação na demanda de sua moeda quando fosse esperada sua valorização, por seu valor estar abaixo do normal (o número guia 1.002), e por uma queda na demanda quando fosse esperada uma pequena desvalorização (pois o número guia havia caído para 997). É difícil ver como a adoção coerente dessa política não acarretaria uma diminuição real muito grande das flutuações do valor da moeda em relação ao bem escolhido como padrão.

TABELA II

ILUSTRAÇÃO DE UM ESQUEMA DE ABILIZAÇÃO DE MOEDA CORRENTE

Mercadoria	Quantidade	Moeda em que é cotada	Preço nessa moeda	Taxa cambial	Preço na própria moeda
Alumínio	x toneladas	$	•	•	•
Carne bovina	•	•	•	•	•
Canfora	•	Ducados	---	---	•
Cacau	•	•	•	•	•
Café	•	•	•	•	•
Carvão	•	•	•	•	•
Carvão de coque	•	•	•	•	•
Cobre	•	•	•	•	•
Copra	•	•	•	•	•
Milho	•	Ducados	---	---	•
Etc.	•	•	•	•	•
					Total 1.000

O FATOR CRUCIAL: DEMANDA DE MOEDA PARA MANTER COMO RESERVA

Direta ou indiretamente por intermédio do preço de outras moedas, parece claro, contudo, que se, uma instituição agir fundamentada no conhecimento de que a disposição do público para poupar sua moeda – e, portanto, manter seus negócios – depende da manutenção do valor da moeda, será não só capaz de assegurar esse resultado através de ajustes apropriados e contínuos da quantidade em circulação, como também forçada a isso. Qualquer dessas instituições deve ter um ponto crucial em mente: para que uma grande e crescente quantidade de sua moeda seja mantida em circulação, o fator decisivo não será a demanda por essa moeda em *empréstimos*, mas a disposição do público de *mantê-la como reserva*. Assim sendo, um imprudente aumento da emissão pode fazer o fluxo de volta ao banco crescer mais rapidamente do que a demanda do público no sentido de mantê-la como reserva.

A imprensa, como já foi dito, observaria atentamente os resultados dos esforços de cada banco emitente e divulgaria todos os dias o valor dos desvios de cada moeda em relação a seus padrões autoimpostos. Do ponto de vista dos bancos emitentes, seria provavelmente desejável aceitar um pequeno padrão de desvio, previamente anunciado, em ambas as direções. Pois, nesse caso – e enquanto o banco demonstrasse seu poder e sua resolução de trazer as taxas cambiais (ou preços de bens em termos de sua moeda) prontamente de volta ao padrão autoimposto – a especulação viria em sua ajuda, eximindo-o da necessidade de tomar medidas precipitadas para assegurar uma estabilidade absoluta.

Enquanto o banco tivesse êxito em manter o valor de sua moeda no nível desejado, é difícil supor que tenha, para esse fim, de contrair sua circulação tão rapidamente, a ponto de criar uma situação constrangedora para si mesmo. As causas normais desses acontecimentos no passado foram circunstâncias que aumentaram a demanda por "dinheiro em caixa", mas o banco só teria de reduzir a quantidade global em circulação para ajustá-la a uma demanda total contraída para ambas as formas de sua moeda. Se tivesse concedido empréstimos principalmente a curto prazo, o resgate normal dos empréstimos teria produzido esse mesmo resultado com bastante rapidez. A questão parece ser muito simples e direta quando supomos que todos os bancos concorrentes tentariam controlar suas moedas com o objetivo de manter seus valores, de alguma forma, constantes.

A competição perturbaria o sistema?

Qual, porém, seria a consequência de um competidor tentar vencer essa competição oferecendo outras vantagens – juros baixos, por exemplo – ou dando crédito contábil ou até mesmo emitindo notas (em outras palavras, contraindo débitos pagáveis à vista) em termos da moeda emitida por outro banco? Teria qualquer uma dessas práticas a possibilidade de interferir gravemente no controle que os bancos emitentes podem exercer sobre o valor de suas moedas?

É claro que qualquer banco estará sempre tentado a expandir a circulação de sua moeda através da concessão de empréstimos mais baratos do que os oferecidos por seus concorrentes. Logo descobrirá, porém, que, na medida em que os empréstimos adicionais não estão sendo concedidos com base em um aumento correspondente da poupança, tais tentativas inevitavelmente terão o efeito oposto, e o prejudicado será, sem dúvida, o banco que tivesse emitido em exagero. Enquanto, por um lado, as pessoas se mostrassem muito desejosas de *tomar empréstimos* numa moeda oferecida a uma taxa de juros menor, por outro, essas mesmas pessoas não estarão dispostas a *manter como reserva* uma proporção maior de seus ativos líquidos numa moeda cuja emissão tivesse sido aumentada, pois logo tomariam conhecimento do fato através de vários relatórios e sintomas.

É verdade que, enquanto as moedas forem quase instantaneamente intercambiáveis a uma taxa cambial conhecida, os preços relativos dos bens em termos delas também permanecerão iguais. Mesmo nas bolsas de mercadorias, os preços daquelas mercadorias (ou, em locais onde uma alta proporção da demanda é expressa em termos da moeda aumentada, os preços em termos de todas as moedas) tenderão a subir em relação a outros preços. Mas os eventos decisivos terão lugar na bolsa de moedas. Na taxa cambial predominante, a moeda cuja oferta tenha aumentado representará uma proporção maior do que a habitual, do total de todas as moedas que as pessoas mantêm como reserva. Acima de tudo, todos os que têm dívidas nas moedas para as quais deve ser paga uma taxa de juros mais alta tentarão tomar empréstimos baratos a fim de adquirir moedas em que possam amortizar os empréstimos mais onerosos. E todos os bancos que não reduzirem o volume de seus empréstimos imediatamente devolverão ao banco que empresta mais barato todas as moedas que receberem desse banco. O resultado será necessariamente o aparecimento, na bolsa de moedas, de uma oferta excessiva da moeda com emissão exagerada, o que logo ocasionará uma queda na sua taxa cambial em relação às outras. Será a essa nova taxa que os preços dos bens normalmente cotados em outras moedas serão traduzidos nas moedas transgressoras. Ao mesmo tempo, como resultado da emissão excessiva, os preços normalmente cotados na moeda transgressora serão imediatamente forçados a subir. A queda na cotação de mercado e a elevação nos preços dos bens em termos da moeda transgressora logo induziriam seus habituais poupadores a mudar para outra moeda. Em breve, a consequente redução na demanda dessa moeda provavelmente eliminaria o ganho temporário obtido por conceder empréstimos mais baratos. Se o banco emitente ainda assim continuasse a conceder empréstimos baratos, o público passaria a evitar maciçamente sua moeda; a continuidade desses empréstimos significaria que quantias cada vez maiores da moeda seriam descarregadas na bolsa de moedas. Podemos concluir, com confiança, que a emissão exagerada da moeda de um banco não seria capaz de reduzir o valor real de outras moedas – especialmente se seus emissores estiverem prontos, até onde fosse necessário, a contrabalançar essa tentativa pela redução temporária de suas emissões.

Moedas parasitas impediriam o controle do valor das moedas?

Uma questão mais difícil, cuja resposta talvez não seja evidente, é saber até que ponto o aparecimento inevitável daquilo que se pode denominar moedas parasitárias, isto é, a elevação piramidal de uma estrutura de circulação de crédito através de outros bancos que aceitem depósitos sujeitos a cheque e que talvez até emitam notas em moeda de denominação idêntica à do emissor original, interferiria no controle exercido pelo emissor sobre o valor de sua própria moeda. Se essas emissões parasitárias fossem claramente rotuladas como débitos a serem pagos na moeda do emissor, é difícil imaginar como isso pudesse ou devesse ser legalmente impedido.

É evidente que nem todos os bancos desejariam ou poderiam emitir uma moeda própria. Aqueles que não o fizessem não teriam escolha senão aceitar depósitos e conceder crédito em termos de alguma outra moeda, preferindo, para tanto, a melhor moeda disponível. Não seria do interesse do banco emissor original impedir que esse banco assim o fizesse, embora a emissão de notas possa desagradar-lhe mais do que a simples aceitação de depósitos em contas correntes sujeitas a cheques em termos de sua moeda. Seria preciso, naturalmente, que as notas emitidas por um emissor secundário deixassem claro o fato de os ducados originais não terem sido emitidos pelo banco que detém essa marca registrada, mas que são apenas comprovantes de reivindicações de direitos em ducados, uma vez que, de outra forma, seriam apenas falsificações. Não vejo como, porém, a proteção legal comum a marcas registradas poderia impedir a emissão dessas reivindicações sob a forma de notas. Duvido muito, também, que fosse desejável impedi-lo por lei, especialmente por causa da semelhança essencial entre essas notas e os depósitos sujeitos a cheque, o que nem mesmo o banco emitente gostaria de impedir.

O que o emissor original da moeda poderia fazer – e teria de fazer – seria não repetir os erros cometidos pelos governos, uma vez que o resultado desses erros foi que o controle dessas emissões secundárias ou parasíticas escapou de suas mãos. O emissor original deve deixar claro que não estaria disposto á salvar os emissores secundários fornecendo-lhes o "dinheiro vivo" (isto é, as notas originais) de que precisarão para liquidar suas obrigações. Veremos mais tarde (Seção XVI) como os governos caíram nessa armadilha e permitiram que seu monopólio da emissão do dinheiro fosse diluído da maneira a mais indesejável. (Partilharam a responsabilidade pelo controle da quantidade total da denominação padronizada, cedendo à constante pressão para que haja dinheiro barato, que seria supostamente atendida pela rápida disseminação de bancos, aos quais assistiriam assegurando sua liquidez; e, no fim, ninguém mais tinha poder absoluto sobre a quantidade total de dinheiro.).

A resposta ao mais sério problema oriundo dessa proposição parece-me ser que, embora os emissores privados tenham que tolerar o surgimento de circulações parasitas e notas de mesma denominação, não deveriam apoiá-las mas, ao contrário, coibi-las, explicitando previamente que não estariam dispostos a prover as notas necessárias para resgatar as emissões parasitas, exceto em favor de "dinheiro vivo", isto é, pela troca por outra moeda confiável. Respeitando rigorosamente esse princípio, forçariam o emissor secundário a praticar algo muito próximo da "atividade bancária a 100%". Enquanto ainda houvesse moedas fiduciárias parasitárias limitadas, estas teriam de se manter em circulação através de uma política que assegurasse que seu valor nunca fosse questionado. Embora essa política possa limitar a circulação e, portanto, o lucro do emissor original, não deveria reduzir gravemente sua habilidade de manter constante o valor de sua moeda.

Para conseguir isso, o emitente original de uma moeda de denominação específica deveria antecipar os efeitos da emissão exagerada de uma moeda parasita (ou de qualquer outra moeda que pretendesse manter um valor igual ao seu) e recusar-se peremptoriamente a comprá-la ao par mesmo antes de que a esperada depreciação se manifeste através do aumento do preço de algumas mercadorias em termos daquelas outras moedas. As negociações de um banco emitente em outras moedas jamais seriam um negócio puramente mecânico (atos de compra e venda a preços constantes) orientado apenas pelas mudanças observadas no poder aquisitivo das outras moedas; tal banco também não poderia aceitar comprar qualquer outra moeda a uma taxa correspondente a seu poder aquisitivo corrente, acima da cesta padrão de mercadorias; mas precisaria de alto grau de discernimento para defender eficazmente a estabilidade, a prazo curto, de sua própria moeda. Por outro lado, suas negociações teriam de ser, até certo ponto, norteadas pela predição do comportamento futuro do valor de outras moedas.

Capítulo 12

Que Tipo de Moeda o Público Selecionaria?

Uma vez que minha tese é de que o público selecionaria, dentre as várias moedas privadas concorrentes, um dinheiro melhor do que os fornecidos pelos governos, devo agora examinar o processo e os critérios que seriam utilizados para realizar essa seleção.

Trata-se de uma questão da qual temos pouco conhecimento empírico: de pouco valeria perguntar diretamente às pessoas (o que poderia ser feito por meio de pesquisa de opinião), uma vez que elas jamais se viram nessa situação: a maioria, que nunca sequer pensou nela, não poderia mesmo ter formado opinião sobre o que faria. Só é possível tentar deduzir o caráter provável das decisões individuais a partir de nosso conhecimento dos fins para os quais as pessoas querem o dinheiro e da maneira como agem em situações semelhantes. É esse, afinal, o procedimento através do qual foi estruturada a maior parte da teoria econômica, que chegou a conclusões geralmente confirmadas por experiências posteriores. Não devemos, é claro, supor que, numa situação nova, as pessoas imediatamente ajam de maneira racional. Mas logo descobririam, se não pela razão, pela experiência e imitação dos mais bem sucedidos, qual comportamento melhor atenderia seus interesses[50]. Uma mudança tão grande quanto à considerada aqui pode, inicialmente, causar incerteza e confusão. Entretanto, não creio que haja motivo para duvidar de que as pessoas logo iriam descobrir aquilo que uma análise racional poderia ter-lhes mostrado de imediato. A rapidez ou lentidão do processo, na prática, dependeria do país em que ele se desse[51].

[50] Cf. C. Menger (43), p.261: "Não há maneira melhor de os homens se esclarecerem mais sobre seus interesses econômicos do que através da observação do sucesso econômico daqueles que empregam os meios corretos para atingir seus fins".

[51] Não devemos ignorar inteiramente a possibilidade de que as práticas e expectativas de homens de negócios, baseadas na experiência anterior, e particularmente na experiência dos últimos 50 anos, esteja de tal forma acostumada com a probabilidade de uma tendência ascendente e contínua dos preços, que a compreensão de que os preços médios provavelmente permanecerão constantes no futuro pode, inicialmente, ter um efeito desencorajador. Pode até fazer com que alguns homens de negócios prefiram lidar com uma moeda em lenta desvalorização e nela manter seus livros contábeis. Creio, porém, que, no final, aqueles que escolherem uma moeda estável terão maior êxito.

Quatro usos do dinheiro

Quatro usos do dinheiro teriam um impacto maior sobre a escolha entre os tipos disponíveis de moeda: em primeiro lugar, seu uso para compras à vista de bens e serviços; em segundo lugar, sua utilização para manutenção de reservas visando a necessidades futuras; em terceiro lugar, seu emprego em contratos para pagamentos futuros e, em quarto e último lugar, sua utilização como unidade de cálculo, especialmente na contabilidade: É comum, embora não seja conveniente, tratar esses usos como "funções" diferentes do dinheiro.

São, com efeito, simples consequências da função básica do dinheiro enquanto meio de troca e, somente em condições especiais, tal como a rápida depreciação do meio de troca, virão a ser independentes dele. Ao mesmo tempo, são de tal forma interdependentes que, embora a princípio possa parecer desejável que existam diferentes atributos para os seus diversos usos, o fato de o dinheiro prestar um serviço como unidade de cálculo torna a estabilidade de valor o atributo mais desejável de todos. Embora a conveniência imediata nas compras do dia a dia possa ser considerada decisiva para a seleção dentre várias moedas, creio que seria provado que a conveniência de cada uma enquanto unidade de cálculo será o fator dominante.

(I) Compras à vista

Para a grande massa de assalariados, o maior interesse será provavelmente que possam fazer suas compras cotidianas na moeda em que são pagos, e que achem, em toda parte, preços indicados na moeda que usam. O lojista, por sua vez, na medida em que soubesse ser possível trocar, imediatamente, qualquer moeda por outra a uma taxa de câmbio conhecida, estaria disposto a aceitar qualquer moeda ao preço correspondente. É provável que logo fossem desenvolvidas caixas registradoras eletrônicas não só para que indicassem instantaneamente o equivalente de qualquer preço em qualquer moeda desejada, mas também para que fossem ligadas por computador a bancos, de tal modo que as firmas seriam imediatamente creditadas com a quantia equivalente, na moeda em que mantivessem suas contas correntes. (Os saldos em todas as moedas seriam recolhidos todas as noites.). Por outro lado, o lojista acharia prático, caso duas ou três moedas fossem de uso corrente no local, marcar suas mercadorias de maneira claramente identificável (com uma cor para cada moeda, por exemplo), de forma a facilitar as comparações de preços entre lojas e moedas.

(II) Reservas para pagamentos futuros

Além de querer usar seus recebimentos regulares para suas despesas comuns, com certeza o assalariado estará interessado principalmente na estabilidade. Embora, por um lado, uma moeda em depreciação lhe dê lucros no pagamento de suas prestações da casa própria e outras, seu contrato de trabalho assalariado fará com que seus desejos se inclinem em direção a uma moeda em valorização.

Os usuários do dinheiro em espécie – o que quer dizer, todo mundo – prefeririam uma moeda em valorização, o que poderia acarretar uma demanda substancial por tal moeda; mas é claro que não seria vantajoso contrair empréstimos nela, nem aos bancos ter de manter um valor mais alto do que aquele em que emitiram a moeda. É concebível que uma quantia limitada de notas nessa moeda em valorização pudesse ser emitida e usada para fins especiais, mas parece muito improvável que se tornassem de uso geral. A principal demanda por uma moeda com a finalidade de manter reservas recairia provavelmente sobre aquela em que as pessoas esperam ter de pagar seus débitos.

(III) Padrão de pagamentos futuros

Quanto ao terceiro uso, ou seja, o emprego da moeda como padrão para pagamentos futuros, é evidente que os interesses primordiais das partes contratantes seriam diametralmente opostos: os credores preferirão uma moeda em valorização e os mutuários uma moeda em desvalorização. Cada grupo, porém, teria uma composição mista: entre os credores estariam todos os assalariados, bem como os detentores do capital, e no grupo dos devedores se incluiriam os bancos, bem como empresas e fazendeiros. Parece improvável, portanto, que as forças do mercado produzissem uma tendência predominante numa só direção. Embora, a curto prazo, todos tivessem algo a ganhar ou perder, em seus débitos ou créditos, com mudanças no valor da moeda, provavelmente logo descobririam serem essas perdas ou ganhos apenas temporários, tendendo a desaparecer tão logo as taxas de juros se adaptassem aos movimentos esperados dos preços.

(IV) Unidade de cálculo confiável

Parece-me que o fator decisivo capaz de criar uma preferência geral por uma moeda de valor estável seria o fato de que somente nessa moeda se poderia efetuar um cálculo econômico realístico. Consequentemente, a longo prazo, tal moeda, entre moedas alternativas, seria a preferida para uso na produção e no comércio. De modo particular, a principal tarefa da contabilidade – a de assegurar que o estoque de capital da empresa não seja dilapidado e somente os lucros líquidos sejam mostrados como lucro disponível para os acionistas – só pode ser levada a termo se o valor da unidade de cálculo for aproximadamente estável.

Qualquer tentativa de maiores explicações dos motivos pelos quais qualquer cálculo econômico bem sucedido só é possível com um dinheiro de valor estável suscita a questão de se saber o que, precisamente, queremos dizer com "valor do dinheiro" e quais seriam as diversas circunstâncias nas quais o dinheiro poderia ser mantido estável. Vamos deixar esse assunto para a Seção XIII. Por enquanto, nos contentaremos com o fato empírico de que uma efetiva manutenção do capital e um real controle de custos só serão possíveis se os cálculos forem feitos numa unidade que, de algum modo, permaneça toleravelmente estável. Assim sendo, vamos abandonar provisoriamente o presente assunto com a conclusão de que, a longo prazo, pelo menos, a melhor escolha entre ofertas competitivas de moedas será a escolha normal numa competição: a moeda que prevalecerá será aquela que ganhar a preferência das pessoas a quem ajudou a prosperar e que serão, consequentemente, imitadas por outras pessoas.

Capítulo 13

Qual o Valor do Dinheiro?

Num sentido restrito, científico, não existe isso que se costuma chamar de valor estável do dinheiro – do dinheiro, ou de qualquer outra coisa. Valor é uma relação, uma proporção de equivalência – ou, como disse W. S. Jevons, "um modo indireto de expressar uma razão"[52] – que só pode ser expressa pela designação da quantidade de um objeto à qual se atribui um valor que corresponda à quantidade "equivalente" de outro objeto. Dois objetos podem manter um valor relativo constante em termos um do outro, mas, a não ser que especifiquemos o outro, a afirmação de que o valor de alguma coisa não mudou não tem significado definido.

O que queremos dizer quando, de maneira habitual, porém descuidada, usamos expressões como "o valor da cerveja é mais estável do que o da beterraba" (e isso é o máximo que podemos afirmar com algum significado) é que o valor relativo da cerveja, ou sua taxa cambial, tende a permanecer mais estável em relação a um número maior de mercadorias, ou por períodos mais longos, diferentemente do que ocorre com a beterraba. Para os bens e serviços comuns, em geral, o que nos vem à mente em primeiro lugar é sua relação com o dinheiro. Quando aplicamos o termo "valor" em relação ao dinheiro em si, o que queremos dizer é que o preço da maioria dos bens não deverá mudar predominantemente numa única direção, ou que, em períodos curtos, mudará muito pouco.

"Valor estável do dinheiro"

Mas alguns preços sempre mudam em um mercado livre. Algumas vezes achamos que o valor do dinheiro permaneceu aproximadamente constante, embora muitos preços tenham mudado; outras vezes pensamos que o valor do dinheiro definitivamente aumentou ou diminuiu, embora os preços de somente algumas mercadorias importantes tenham mudado todos na mesma direção. Como definir, então, num mundo de preços individuais em constante mudança, valor estável do dinheiro?

---

[52] W. S. Jevons (34), p.11. Cf. também *ibid.*, p.68: "Valor expressa apenas a razão essencialmente variável em que dois bens são intercambiáveis, de modo que não há motivos para supor que qualquer substância retenha o mesmo valor por dois dias seguidos".

A grosso modo, é óbvio que o poder aquisitivo ensejado por uma soma de dinheiro sobre os bens em geral diminui se proporciona uma quantidade menor da maior parte destes bens e uma quantidade maior de apenas alguns deles. É sensato dizer, então, que o poder aquisitivo permanece mais ou menos o mesmo se essas duas mudanças no poder de compra de bens se equilibram. Mas, para nossos fins, precisamos, é claro, de uma definição mais acurada de "valor estável do dinheiro" e de uma definição mais exata dos benefícios que esperamos dele.

Erros compensatórios

Como vimos, as principais perturbações causadas por mudanças no valor do dinheiro são provocadas pelos seus efeitos nos contratos para pagamento futuro e no uso de unidades monetárias como base para o cálculo e para a contabilidade. As decisões tomadas nesses dois terrenos têm de enfrentar a verdade inalterável de que, para o indivíduo, o movimento futuro da maioria dos preços é imprevisível (porque essas variações funcionam como sinais de eventos imprevisíveis em sua maior parte). A melhor maneira de reduzir o risco que daí resulta é basear os cálculos nas expectativas de preços futuros dos quais os preços atuais poderão diferir por uma dada percentagem, para mais ou para menos. Esse valor médio de prováveis mudanças futuras só terá sido corretamente estimado se for zero e, assim, coincidir com o comportamento provável de um grande número de preços que sejam ou muito estáveis ou de pequena oscilação (principalmente tarifas de energia e água, e também os preços da maioria dos artigos de marca registrada, artigos vendidos pelo correio e similares).

A melhor maneira de ilustrar a situação é através de dois diagramas. Se o valor do dinheiro for regulado de tal forma que uma média adequada de preços seja mantida constante, as probabilidades que todo o planejamento de atividades futuras deverá enfrentar podem ser representadas como na figura 1. Embora nesse caso permaneça a imprevisibilidade de preços futuros isolados, inevitável numa economia de mercado que funcione, permanece válido que, a longo prazo, para o público em geral, os efeitos das mudanças de preço não previstas se cancelem mutuamente. Esses efeitos pelo menos não causarão um erro geral de expectativas numa direção. Eles permitirão, no todo, cálculos bastantes corretos baseados na premissa da manutenção dos preços (quando não houver informações melhores à disposição).

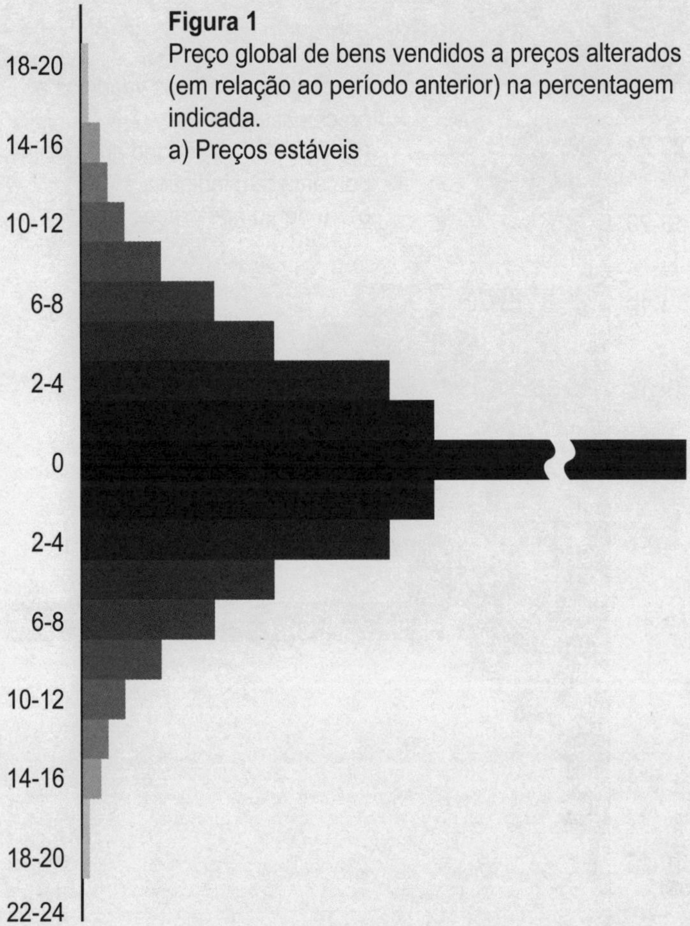

Figura 1
Preço global de bens vendidos a preços alterados (em relação ao período anterior) na percentagem indicada.
a) Preços estáveis

Caso o movimento divergente dos preços individuais resulte em uma *elevação* média de todos os preços, a situação se apresentará como na figura 2.

Uma vez que a empresa individual terá tão pouca base para prever corretamente a média de todas as mudanças quanto para prever as mudanças de preços individuais, essa empresa também não poderá basear seus cálculos e decisões numa média conhecida da qual os movimentos individuais dos preços tenderiam a se afastar tanto em uma direção como em outra. Não seria possível uma elaboração correta de cálculos econômicos nem uma eficiente contabilização de capital e de custos. As pessoas desejariam cada vez mais uma unidade de cálculo cujo valor acompanhasse mais de perto a tendência geral, e poderiam até ser levadas a usar como unidade de cálculo algo que não pudesse ser usado como meio de troca[53].

[53] A curva que representa a dispersão de alterações de preços por meio da percentagem de todas as vendas efetuadas num período a preços aumentados ou diminuídos em relação a um período anterior teria,

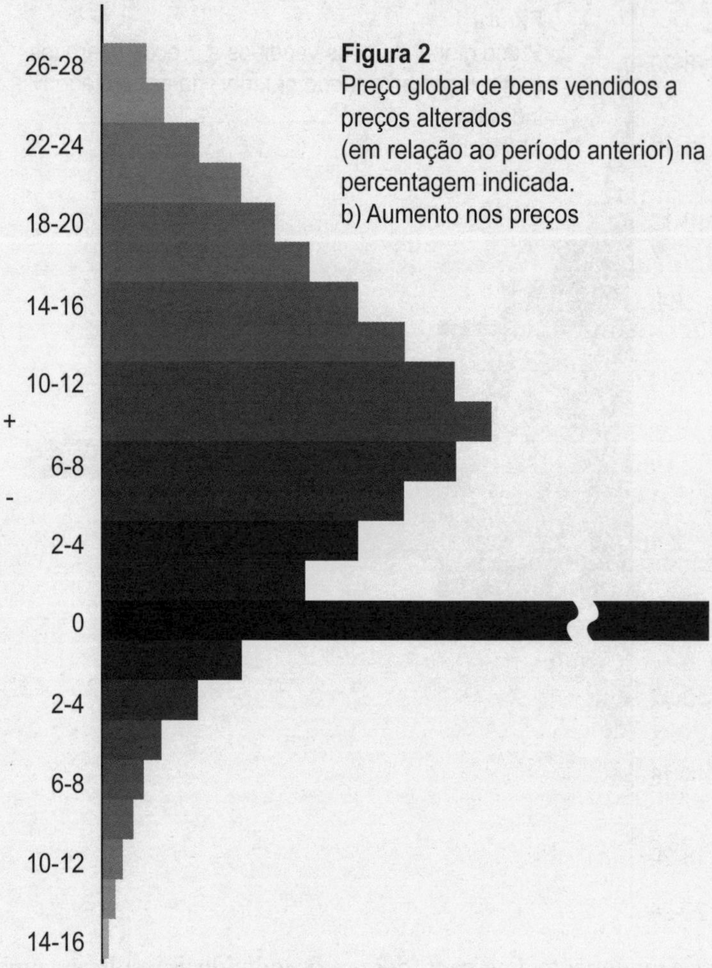

Figura 2
Preço global de bens vendidos a preços alterados (em relação ao período anterior) na percentagem indicada.
b) Aumento nos preços

é claro, caso fosse elaborada numa escala logarítmica, a mesma forma, quer usássemos o dinheiro, quer empregássemos qualquer outro bem como medida de preço. Se usássemos como padrão um bem cujo preço tivesse caído mais do que o de qualquer outro, todas as alterações de preço apareceriam simplesmente como aumentos, mas um aumento do preço relativo comparado ao de outro bem ainda apareceria com, digamos, um aumento de 50 por cento, qualquer que fosse a medida usada. Provavelmente obteríamos uma curva representativa do erro que teria a forma geral de uma curva normal (curva de Gauss) – os desvios acidentais da moda, até onde pudéssemos prever, em ambos os lados, iriam contrabalançando-se mutuamente, tornando-se menos numerosos à medida que os desvios aumentassem. (A maioria das alterações de preços serão devidas a mudanças na direção da demanda, com quedas correspondentes de alguns preços e elevação de outros; essas transferências relativamente pequenas parecem ser mais frequentes do que as grandes). Em termos de um dinheiro com valor estável nesse sentido, o preço dos bens representados pela moda permaneceria inalterado, enquanto a quantidade de transações a preços aumentados ou diminuídos em uma determinada porcentagem apenas equilibrariam um ao outro. Isso minimizará os erros, não necessariamente de indivíduos em particular, mas no cômputo geral. E, embora não haja um número índice viável que atinja totalmente o que pressupomos, deverá ser possível conseguir-se uma boa aproximação.

Critérios de escolha

Essas deformações na distribuição de frequências das alterações de preços para um dos lados, que podem ser causadas por variações na quantidade de dinheiro, e a resultante dificuldade de previsão, cálculo e contabilidade, não devem ser confundidas com as mudanças meramente temporárias, na estrutura dos preços relativos que também, pelo mesmo processo, acarretarão distorções na produção. Precisaremos considerar (Seção XVII) como a estabilização do valor do dinheiro também contribuiria muito para impedir essa distorção da estrutura de produção que, mais tarde, inevitavelmente, leva a inversões do processo de crescimento: redunda em consideráveis perdas de investimentos e em períodos de desemprego. Argumentaremos que isto seria um dos principais benefícios de uma moeda estável: justamente evitar a distorção na estrutura de produção. Mas é quase impossível afirmar que, por esse motivo, os usuários do dinheiro selecionariam uma moeda de valor estável. Esse é um efeito que provavelmente não perceberão nem levarão em conta em sua decisão individual de que dinheiro usar – embora a observação do curso sereno dos negócios em regiões que usam uma moeda estável possa induzir a população de outras regiões a preferir uma moeda de característica semelhante. Além disso, o indivíduo também não poderia proteger-se, por si mesmo, Contra esse efeito, através dá utilização de uma moeda estável, porque a estrutura dos preços relativos será a mesma em termos das diferentes moedas simultâneas concorrentes e, portanto, essas distorções não podem ser evitadas enquanto moedas oscilantes sejam intensamente empregadas lado a lado com moedas estáveis.

As pessoas tendem a preferir uma moeda de valor estável em termos de bens por uma razão: essa moeda os auxiliará a minimizar os efeitos da incerteza inevitável sobre o movimento dos preços, uma vez que os efeitos de erros em direções opostas tenderão a cancelar-se mutuamente. Esse cancelamento não ocorrerá se a média em torno da qual o desvio de preços individuais se agrupa não for zero, e tiver uma magnitude desconhecida. Mesmo se concordarmos que o dinheiro estável que as pessoas preferirão usar será tal que possam esperar que os preços individuais em que estão primordialmente interessadas tenham possibilidades iguais tanto de aumentar como de diminuir, em termos desse dinheiro, ainda assim não saberemos dizer que nível de preço interessará a um maior número de pessoas ver constante. É evidente que indivíduos ou empresas diferentes estarão interessados nos preços de bens diferentes. E nível de preço de diferentes conjuntos de bens se moverão, é claro, de forma diferente.

A EFICIÊNCIA CONTÁBIL É, MAIS UMA VEZ, DECISIVA

Embora a tendência inicial seja mais uma vez pensar em termos de preços no varejo ou em termos de custo de vida – sendo que até mesmo a maioria dos consumidores individuais pode preferir um dinheiro estável nesses termos –, não é provável que possa ser estabelecida uma ampla circulação para uma moeda regulada desse modo. O custo de vida difere de um lugar para outro e tende a variar em proporções diversas. As empresas certamente prefeririam um dinheiro que fosse aceito em regiões mais abrangentes. O fator mais importante para cálculos e contabilidade nas empresas (e, portanto, para o uso eficaz dos recursos, que se baseia na estabilidade dos preços e não no conhecimento especializado de um mercado específico) seria o preço de produtos comercializados, tais como matérias primas, alimentos de origem agrícola e alguns produtos industrializados semiacabados padronizados. Esses produtos têm a vantagem adicional de serem comercializados em mercados regulares, e de seus preços serem prontamente divulgados além de particularmente sensíveis, pelo menos em relação às matérias primas. Consequentemente possibilitariam aos indivíduos de tomar a tempo e hora providências para impedir tendências de alterações gerais nos preços (que, frequentemente, se apresentam primeiro nesses bens).

Na verdade, pode ser que um controle da moeda que visasse diretamente a estabilizar os preços de matérias primas tenha como resultado uma estabilidade maior – mesmo em relação aos preços de bens de consumo – do que uma administração diretamente voltada para a estabilização da moeda. O considerável intervalo que a experiência demonstrou prevalecer entre alterações na quantidade de dinheiro e alterações no nível de preços de bens de consumo pode realmente significar que, se o ajuste da circulação fosse adiado até que os efeitos de um excesso ou escassez da moeda ficassem evidentes através de alterações no preço de bens de consumo, não seria possível evitar mudanças muito evidentes nos preços desses bens. No caso das matérias primas, por sua vez, como esse intervalo parece ser menor, um sinal percebido com maior antecedência tornaria possível tomar precauções mais cedo.

Os assalariados provavelmente também descobririam as vantagens de celebrar acordos coletivos em termos de preços médios de matérias primas ou de uma outra grandeza semelhante, o que asseguraria para aqueles que têm rendimentos fixos uma participação automática nos aumentos da produtividade industrial. (Os países subdesenvolvidos também prefeririam uma moeda internacional que desse às matérias primas em geral um poder aquisitivo crescente em relação aos produtos industrializados – embora provavelmente eliminem essa possibilidade ao insistir na estabilização de preços de matérias primas específicas.). Espero, de qualquer forma, que essa seja a escolha predominante, pois uma moeda estável em termos de matérias primas representa, também, o ponto mais próximo a que podemos esperar chegar de uma abordagem que conduza à estabilidade geral das atividades econômicas.

PREÇOS DE BENS NO ATACADO COMO PADRÕES DE VALOR PARA MOEDAS DE REGIÕES INTERNACIONAIS

Minha expectativa seria a de que, pelo menos em grandes regiões, muito maiores que os atuais territórios nacionais, as populações concordariam com um conjunto padrão de preços de bens no atacado a ser considerado como padrão de valor em que prefeririam que suas moedas fossem mantidas constantes. Alguns bancos que, por atenderem a essa preferência, tivessem estabelecido grandes circulações e emitido moedas de diferentes denominações mas com taxas de câmbio mais ou menos constantes em relação uma com a outra, poderiam continuar tentando aperfeiçoar a composição precisa da "cesta" padrão de bens cujos preços tentariam manter constantes em termos de suas moedas[54]. Mas essa prática não causaria oscilações de grande monta nos valores das principais moedas circulando na região. Haverá, naturalmente, uma superposição entre regiões com diferentes composições das moedas em circulação; por outro lado, moedas cujo valor se baseia principalmente em bens importantes para um determinado tipo de vida ou para um grupo de indústrias predominantes poderiam flutuar mais, relativamente a outras, mas, ainda assim, manter sua clientela própria entre pessoas de hábitos e ocupações específicas.

[54] De fato, a competição provavelmente os levaria a aperfeiçoar a técnica de manutenção da estabilidade máxima, até um ponto que ultrapassaria, em muito, qualquer vantagem prática.

Capítulo 14

A Inutilidade da Teoria Quantitativa Para Nossos Fins

Desta forma, são eliminadas pressuposições usuais da teoria monetária como a de que há somente um tipo de moeda corrente, o dinheiro, e de que não há uma distinção nítida entre o dinheiro propriamente dito e os simples substitutos do dinheiro. O mesmo acontece com a aplicabilidade daquela que é denominada a teoria quantitativa do valor do dinheiro – mesmo se for tomada como uma aproximação, *grosso modo*, de uma explicação teoricamente mais satisfatória da determinação do valor do dinheiro, que é tudo o que essa teoria pode ambicionar a ser[55].

A teoria quantitativa pressupõe, é claro, que só haja um tipo de dinheiro em circulação num território dado, cuja quantidade pode ser verificada pela contagem de suas unidades homogêneas (ou quase homogêneas). Mas se as diferentes moedas em circulação numa região não tiverem valor relativo constante, a quantidade global em circulação, que só poderá ser inferida a partir do valor relativo das moedas, não terá significado independente deste valor. Uma teoria que só é utilizável numa única situação específica, mesmo que essa tenha circunstancialmente prevalecido por um longo período, padece, evidentemente, de um defeito grave. Embora sejamos propensos a admiti-la como certa, não é, de modo algum, uma característica essencial do dinheiro a obrigatoriedade de que, num território dado, exista apenas um único tipo; isso geralmente ocorre somente porque os governos têm impedido o uso de outros tipos. Mesmo assim, jamais acontece de maneira completa, pois sempre há diferenças significativas na demanda por diferentes formas de dinheiro e substitutos do dinheiro com graus variados de liquidez. No entanto, se supomos que os emissores de moeda estão em constante competição uns com os outros para obter usuários adicionais para sua moeda, não podemos também supor – como pode fazê-lo, com algum fundamento, a teoria quantitativa em relação a uma moeda de denominação única – que exista uma demanda constante de dinheiro, no sentido de que o valor global do estoque total tenda a ser aproximadamente constante (ou a mudar de

[55] Mas, como escrevi há 45 anos (24, p.3) e continuo a afirmar, "... de um ponto de vista prático, uma das piores coisas que nos poderia acontecer seria o público em geral, mais uma vez, deixar de crer nas proposições elementares da teoria quantitativa".

maneira previsível de acordo com o tamanho da população, do produto nacional bruto, ou de grandezas semelhantes).

Abordagem do saldo em dinheiro...

Os problemas abordados neste ensaio certamente exigem instrumentos de aplicação mais genérica, os quais, afortunadamente, encontram-se disponíveis sob a forma de uma teoria mais satisfatória até mesmo para lidar com a mais simples das situações: trata-se das abordagens do saldo em dinheiro feitas por Carl Menger, por Leon Walras e por Alfred Marshall. Essas abordagens possibilitam explicar não só o efeito final das alterações na "quantidade de dinheiro" sobre "o" nível geral de preços, como também o processo através do qual as alterações nos suprimentos de vários tipos de moeda sucessivamente afetarão diferentes preços. A partir daí, torna-se possível uma análise que, confessadamente, não pode pretender a pseudoexatidão da teoria quantitativa, mas que tem um alcance muito maior e pode justificar as preferências individuais por diferentes tipos de dinheiro.

A consideração decisiva a ter em mente diante do objetivo a que nos propomos é que, num sistema de moedas múltiplas, não existe essa coisa chamada a magnitude da demanda por dinheiro. Haverá diferentes demandas por diferentes tipos de moeda; mas, uma vez que essas diferentes moedas não serão substitutos perfeitos, essas demandas distintas não podem ser somadas na mesma adição. Pode haver uma demanda pequena (mas uma grande oferta) das moedas em depreciação; haverá, esperamos, uma igualdade na demanda e oferta de moedas estáveis (que é justamente o fator que manterá seus valores estáveis), e uma grande demanda (mas uma pequena oferta) por moedas em valorização. Muito embora, enquanto existir um mercado livre de moedas, as pessoas vão estar dispostas a *vender* (a algum preço) qualquer moeda, elas não hão de estar dispostas a *manter em reserva* qualquer moeda; e as características dos substitutos disponíveis afetariam a demanda por qualquer tipo de moeda em particular. Desta forma, não haveria uma só quantidade cuja grandeza se pudesse considerar decisiva para o valor do dinheiro.

... E a velocidade da circulação

Pode-se afirmar que, na teoria quantitativa, a análise em termos da demanda por saldos em dinheiro e o uso do conceito de velocidade de circulação são formalmente equivalentes. A diferença é importante. A abordagem do problema através dos saldos em dinheiro fixa sua atenção no decisivo fator causal, o desejo do indivíduo de manter estoques de moeda. A velocidade de circulação refere-se a uma grandeza estatística que a experiência tem mostrado ser bastante constante por períodos relativamente longos, para os quais dispomos de dados utilizáveis – justificando assim a alegação de que existe uma conexão simples entre "a" quantidade de dinheiro e "o" nível de preços – mas que é, muitas vezes, enganosa, pois facilmente se associa à crença equivocada de que alterações monetárias só afetam o nível *geral* dos preços. São frequentemente consideradas prejudiciais principalmente por esse motivo, como se baixassem ou elevassem todos os preços *simultaneamente* e na *mesma* percentagem. Entretanto, o verdadeiro mal que causam se deve ao efeito *diferencial* sobre diferentes preços, que mudam sucessivamente, em ordem muito irregular e em graus muito diversos, de tal modo que, como resultado, toda a estrutura de preços relativos se deforma e conduz a produção para direções equivocadas.

Infelizmente, *Lorde* Keynes praticamente não considerou essa importantíssima contribuição de Marshall à teoria monetária de tradição cambridgeana. Embora criticasse a alegada tendência de todas as teorias monetárias contemporâneas para argumentar como se os preços se alterassem todos ao mesmo tempo, trabalhava quase inteiramente dentro da estrutura de uma teoria quantitativa baseada em Irving Fisher – ou, então, argumentava contra ela. Essa perda da compreensão dos fatores que determinam tanto o valor do dinheiro como os efeitos dos eventos monetários sobre o valor de bens específicos é um dos principais danos que a avalanche keynesiana causou ao entendimento do processo econômico. É impossível tentar sequer reformular, aqui, resumidamente, esse ponto central da teoria monetária; portanto, devo contentar-me em recomendar aos economistas que tiveram a infelicidade de estudar a teoria monetária em instituições totalmente dominadas pelo ponto de vista keynesiano, mas que ainda desejam compreender a teoria do valor do dinheiro, que preencham essa lacuna estudando primeiro os dois volumes de A. W. Marget, *Theory of Prices* (42), e então pulem a maior parte da literatura dos 25 anos seguintes, até o recente livro do Professor Axel Leijonhufvud (37)[56] que lhes indicará que obras desse intervalo de tempo não devem deixar de conhecer.

Uma observação sobre o "monetarismo"

Tornou-se comum, desde que se estabeleceu a reação contra o domínio do dogma "keynesiano", rotular de "monetaristas" todos

[56] (Um pequeno guia para o livro do Professor Leijonhufvud é sua obra *Keynes and the Classics*, Occasional Paper 30, IEA, 1969 (6ª impressão, 1977). – ED.)

aqueles que consideram errada a não aceitação por Keynes "de que um movimento inflacionário ou deflacionário é normalmente causado ou necessariamente acompanhado" por "mudanças na quantidade de dinheiro e na velocidade de sua circulação"[57]. Esse "monetarismo" é, naturalmente, uma concepção adotada antes de Keynes por quase toda a teoria econômica, com exceção de alguns dissidentes e excêntricos, especialmente os economistas da Europa continental que, através de seus conselhos em termos de política, foram os responsáveis pelas grandes inflações da década de 1920. Concordo com esses "monetaristas" particularmente no que diz respeito a sua convicção – que é hoje considerada como sua principal característica – de que toda a inflação é aquilo que hoje se denomina "inflação produzida pela demanda" e de que, no que tange ao mecanismo econômico, não existe essa coisa chamada "inflação provocada pelo aumento dos custos" – a não ser que se considere como causa econômica a decisão política de aumentar a quantidade de dinheiro em resposta a um aumento dos salários, que de outra forma causaria desemprego[58].

Minha divergência em relação à maioria dos outros "monetaristas" e, em particular, em relação ao principal representante da escola, Professor Milton Friedman, consiste no fato de eu considerar a simples teoria quantitativa do dinheiro – mesmo em situações em que, num determinado território, somente um tipo de dinheiro seja empregado – meramente como uma aproximação útil e rudimentar de uma explicação realmente adequada, mas que, no entanto, se revela completamente inútil quando vários tipos de dinheiro, distintos e concorrentes, estão em uso ao mesmo tempo, num só território.

---

[57] R. F. Harrod (23a, p.513).

[58] Em outro sentido, porém, fico de fora da controvérsia keynesianos *versus* monetaristas: ambas são abordagens macroeconômicas do problema, enquanto creio que a teoria monetária não precisaria nem deveria empregar tal abordagem, mesmo que dificilmente possa alijar inteiramente esse conceito essencialmente macroeconômico. A macroeconomia e a microeconomia são métodos alternativos de lidar com a dificuldade de que, no caso de um fenômeno tão complexo como o mercado, nunca dispomos de todas as informações fatuais de que necessitaríamos para fornecer uma explicação abrangente. A macroeconomia tenta vencer essa dificuldade referindo-se a essas grandezas como valores agregados ou médias estatisticamente encontradas. Essa atitude nos proporciona uma útil aproximação aos fatos, mas, como explicação teórica de conexões causais, é insatisfatória e às vezes enganosa, pois sustenta correlações empiricamente observadas sem justificação para a crença de que sempre ocorrerão.

A abordagem alternativa da microeconomia, que é a que prefiro, depende da construção de modelos que dão conta do problema provocado pela nossa inexorável ignorância de todos os fatos relevantes, pela "reduzindo a escala" através da diminuição do número de variáveis independentes em relação ao mínimo necessário para estabelecer uma estrutura que seja capaz de produzir todos os *tipos* e movimentos ou mudanças de que é capaz um sistema de mercado. É, como tentei explicar mais detalhadamente em outra obra (30), uma técnica que produz apenas aquilo que denominei de predições "de padrões", mas que é incapaz de produzir as predições de eventos específicos que a macroeconomia alega, erradamente, na minha opinião, ser capaz de produzir.

Embora esse defeito só passe a ser grave quando há uma multiplicidade de moedas concorrentes tal como estamos supondo aqui, o fenômeno da substituição de coisas que a teoria não considera como dinheiro por coisas que ela considera como dinheiro sempre debilita a rigorosa validade de suas conclusões.

O principal defeito da teoria quantitativa, em qualquer situação, parece-me ser que, por sua ênfase nos efeitos das alterações na quantidade de dinheiro sobre o nível geral dos preços, ela acentua de modo demasiadamente exclusivo os efeitos negativos da inflação e da deflação na relação credor-devedor, mas ignora os efeitos ainda mais importantes e prejudiciais que injeções e retiradas de circulação de quantidades de dinheiro provocam sobre a estrutura de preços relativos, cuja consequência é o mau emprego de recursos e, especialmente, o direcionamento inadequado de investimentos.

Esse não é o lugar apropriado para uma discussão completa dos detalhes da teoria quanto aos quais existem consideráveis divergências no âmbito da escola "monetarista", embora esses detalhes sejam de considerável importância para a avaliação dos efeitos das atuais propostas. Minha objeção fundamental à conveniência da pura teoria quantitativa do dinheiro é que, mesmo com uma única moeda circulando num território dado, não existe, no sentido estrito, uma coisa que possa ser chamada de a quantidade de dinheiro, e qualquer tentativa de delimitar certos grupos dos meios de troca expressando-os em termos de uma única unidade, como se fossem homogêneos ou substitutos perfeitos, é enganosa, mesmo nas situações mais comuns. Essa objeção assume importância decisiva, é claro, quando contemplamos diferentes moedas concorrentes.

Um nível estável de preços e um nível de emprego alto e estável não exigem nem permitem que a quantidade total de dinheiro seja mantida constante nem que se modifique a uma velocidade constante. Exige algo semelhante e, no entanto, significativamente diferente, ou seja, que a quantidade de dinheiro (ou melhor, o valor agregado de todos os bens mais líquidos) seja mantida de tal forma, que a população não reduza ou aumente seus gastos com o propósito de ajustar seus saldos às suas novas preferências de liquidez. Manter constante a quantidade de dinheiro não assegura que o fluxo de dinheiro permaneça constante e, a fim de fazer com que o volume do fluxo de dinheiro se comporte da maneira desejada, a oferta de dinheiro deve ter uma considerável elasticidade.

A administração do dinheiro não pode ter como meta um volume de circulação pré-determinado, nem no caso de um monopólio territorial das emissões, muito menos no caso de moedas competitivas; seu objetivo deve ser apenas o de descobrir que quantidade manterá constantes os preços. Nenhuma autoridade é capaz de avaliar de antemão "a quantidade ideal de dinheiro", que só o mercado pode determinar. Essa quantidade só pode ser obtida através da compra e venda, a um preço estável, do conjunto de bens cujo preço agregado pretendemos manter estável.

Quanto à proposta do professor Friedman de um limite legal para a velocidade à qual o emissor monopolista de dinheiro teria permissão para aumentar a quantidade em circulação, só posso dizer que não gostaria de ver isso posto em prática: em função dessa cláusula, poderia vir a público o fato de que a quantidade de dinheiro em circulação estaria aproximando-se do limite superior e que, portanto, a necessidade de maior liquidez não poderia ser atendida[59].

Por que a indexação não substitui a moeda estável

A ênfase que é normalmente dada ao malefício mais proeminente e mais doloroso da inflação, qual seja, o seu efeito sobre as relações entre devedores e credores e, em particular, sobre aqueles que recebem rendimentos fixos, resultou na ideia de que esse efeito poderia ser atenuado pelo estabelecimento de obrigações a longo prazo em termos de um "padrão tabular", sendo o total nominal do débito continuamente corrigido de acordo com as variações de um número índice de preços. Evidentemente, é certo que essa prática eliminaria as injustiças mais flagrantes causadas pela inflação, bem como os sofrimentos mais dolorosos visivelmente decorrentes dela. Esses, no entanto, estão longe de ser os danos mais graves causados pela inflação, e a adoção desse paliativo para alguns dos sintomas provavelmente enfraqueceria a resistência contra a inflação, prolongando-a e aumentando-a e, a longo prazo, aumentando consideravelmente os danos que causa – particularmente o sofrimento que acarreta por trazer o desemprego.

Todos sabem, é claro, que a inflação não afeta todos os preços ao mesmo tempo, mas faz com que os vários preços aumentem de forma diferente um do outro. Consequentemente, ela altera as relações entre

[59] Em tal situação, se aplicaria o relato clássico de Walter Bagehot (3, penúltimo parágrafo): "Num estado sensível do mercado monetário inglês, a quase aproximação do limite legal de reservas seria inequivocamente um incentivo para o pânico; se o limite de um terço fosse fixado por lei, no momento em que os bancos se aproximassem desse valor, soaria o alarme e o medo se espalharia como num passe de mágica".

os preços – embora as familiares estatísticas de movimentos de preços *médios* tendam a esconder esse movimento dos preços *relativos*. O efeito sobre as rendas relativas é apenas um dos efeitos da deformação de toda a estrutura de preços relativos, embora, para o observador superficial, seja o mais evidente. O que, a longo prazo, prejudica ainda mais o funcionamento da economia e, afinal, tende a tornar inoperante o sistema de mercado livre, é o efeito dessa estrutura deformada de preços no mau direcionamento do emprego de recursos e na canalização da mão de obra e de outros fatores da produção (especialmente o investimento de capital) para aplicações que só permanecem rentáveis enquanto a inflação se acelerar. É esse efeito que produz as grandes ondas de desemprego[60], mas que os economistas que utilizam a abordagem macroeconômica geralmente ignoram ou subestimam.

Esses danos cruciais causados pela inflação de maneira alguma serão eliminados pela indexação. Na verdade, as medidas governamentais desse tipo, que tornam mais fácil conviver com a inflação, a longo prazo tornarão as coisas piores. Certamente não tornarão mais fácil combater a inflação, pois as pessoas teriam menor consciência de que seu sofrimento é decorrência dela. Não há justificativa para a sugestão do Professor Friedman de que:

> pela remoção das deformações nos preços relativos produzida pela inflação, o uso disseminado de cláusulas de ajustamento de salário em função do custo de vida tornaria mais fácil para o público reconhecer mudanças na taxa de inflação, reduzindo assim o intervalo de tempo na adaptação a tais alterações, e desse modo tornando o nível de preço nominal mais sensível e variável[61]. Tal inflação, com alguns de seus efeitos aparentes atenuados, claramente encontraria menos resistência e duraria proporcionalmente mais.

É verdade que o Professor Friedman explicitamente rejeita qualquer sugestão de que a indexação seja um substituto para a moeda estável[62], mas tenta mostrar que ela é mais tolerável no curto prazo

[60] Um impressionante reconhecimento dessa verdade fundamental ocorre nos parágrafos de abertura do comunicado final da "reunião de cúpula" em Downing Street (Londres, Inglaterra), em 8 de maio de 1977, presidida pela primeiro ministro do Reino Unido, com a presença do presidente dos EE.UU., do chanceler da Alemanha Ocidental, do presidente da França, do primeiro ministro do Japão e do primeiro ministro da Itália. As linhas iniciais dizem: "A inflação não é um remédio para o desemprego, mas uma de suas principais causas". É pela compreensão desse fato que venho lutando, quase sozinho, há mais dè quarenta anos. Infelizmente, porém, essa afirmativa simplificou excessivamente a questão. Em muitas circunstâncias a inflação realmente conduz a uma redução *temporária* do desemprego, mas somente ao custo de causar desemprego muito maior mais tarde. É isso, precisamente, o que torna a inflação tão sedutora e politicamente quase irresistível, mas, por esse motivo, particularmente insidiosa.

[61] M. Friedman (20b), p.31.

[62] *Ibid.*, p.28.

e eu considero excepcionalmente perigosa qualquer tentativa desse tipo. Apesar de sua negativa, me parece que, até certo ponto, isso chegaria mesmo a acelerar a inflação. Certamente fortaleceria as reivindicações de grupos de trabalhadores cujos salários reais deveriam cair (porque seu tipo de trabalho se tornou menos valioso) para que seus salários reais se mantivessem constantes. Mas isso significa que todos os aumentos relativos de qualquer salário comparativamente a quaisquer outros só poderiam ocorrer por meio de um aumento de salário nominal de todos os trabalhadores, exceto daqueles cujos salários fossem os mais baixos, e isso bastaria para tornar necessária uma inflação contínua.

Essa tentativa, em outras palavras, como quaisquer outras tentativas de aceitar a rigidez de salários e de preços como inevitável e de ajustar a ela a política monetária, atitude da qual se originou a economia "keynesiana", me parece ser uma dessas, medidas aparentemente ditadas pela necessidade prática, mas que, inevitavelmente, a longo prazo, aumenta cada vez mais a rigidez de toda a estrutura salarial, conduzindo, desse modo, à aniquilação da economia de mercado. Mas a necessidade política do momento não deve ser a preocupação de quem lida com a ciência econômica. Seu trabalho deve ser, como não cesso de repetir, o de tornar politicamente viável aquilo que hoje pode ser politicamente impossível. Decidir o que pode ser feito no momento é tarefa do político, não do economista, que deve continuar a mostrar que persistir nessa direção conduzirá ao desastre.

Concordo totalmente com o Professor Friedman quanto à inevitabilidade da inflação sob as atuais instituições políticas e financeiras. Mas creio que isso conduzirá à derrocada de nossa civilização, a não ser que transformemos a estrutura política. Nesse sentido, admitirei que minha proposta radical a respeito do dinheiro provavelmente só será viável como parte de uma transformação de muito maior alcance em nossas instituições políticas, mas uma parte essencial dessa reforma que muito em breve será reconhecida como necessária. As duas reformas distintas que proponho na ordem política e econômica[63] são realmente complementares: o tipo de sistema monetário que proponho só será possível no contexto de um governo limitado – que, de resto, não temos – e uma limitação do governo pode implicar em privá-lo do monopólio da emissão de dinheiro. Na verdade, a privação desse monopólio necessariamente derivaria da limitação a que o governo estiver submetido.

---

[63] F.A. Hayek (31a), vol. III.

A EVIDÊNCIA HISTÓRICA

Desde 1977,[64] o Professor Friedman já enunciou de modo mais completo suas dúvidas sobre a eficácia de minha proposta, alegando que:

> temos abundantes provas empíricas e históricas a indicar que [minhas] esperanças de fato não se concretizariam – que as moedas privadas que oferecem um poder aquisitivo seguro não eliminariam as moedas governamentais. Não consigo encontrar evidência alguma na afirmação de que uma moeda – cujo emitente só pode continuar seus negócios se mantiver constante o seu valor; à qual sejam propiciadas todas as operações bancárias normais; e que fosse legalmente reconhecida como um instrumento para contratos, contabilidade e cálculos – deixasse de ser preferida à moeda oficial deteriorada, simplesmente pelo fato de tal situação jamais ter ocorrido. É bem possível que em muitos países a emissão dessa moeda não seja de fato proibida, mas as outras condições são raramente, ou nunca, satisfeitas. E todos sabem que, se houvesse alguma possibilidade de essa experiência privada ter sucesso, os governos imediatamente tomariam medidas para impedi-la.

Se queremos provas históricas do que as pessoas farão se tiverem a possibilidade de escolher livremente a moeda que preferem usar, tomemos a destituição da libra esterlina de seu lugar de unidade comum do comércio internacional desde que começou a se desvalorizar continuamente. Esse fato, parece-me, pode confirmar decisivamente a veracidade de minha tese. O que sabemos a respeito do comportamento de indivíduos que precisam conviver com uma moeda nacional inadequada, e o fato de o governo usar todos os meios de que dispõe para forçá-los a usá-la, apontam para o provável sucesso de qualquer dinheiro que tenha as características que o público deseja, se as pessoas não forem artificialmente impedidas de usá-la. Os norte-americanos são afortunados por jamais terem atravessado uma época em que todos em seu país considerassem mais segura uma outra moeda nacional que não a sua própria. Mas, no continente europeu, houve várias ocasiões em que, se as pessoas tivessem tido liberdade para fazê-lo, teriam usado dólares em lugar de sua moeda nacional. De fato, isso foi feito num grau muito maior do que o legalmente permitido, e foi preciso ameaçar essas pessoas com as penalidades mais severas para impedir que esse hábito se disseminasse rapidamente – vejam-se os bilhões de notas de dólares com paradeiro ignorado, sem dúvida mantidas em mão de particulares em todo o mundo.

---

[64] Em entrevista dada à revista – *Reason*, IX: 34, Nova York, agosto de 1977, p.28.

Jamais duvidei de que o público em geral demoraria a reconhecer as vantagens dessa nova moeda. Sugeri mesmo que, inicialmente, se tivessem a oportunidade, as massas prefeririam o ouro a qualquer forma de papel-moeda. Mas, como sempre, o sucesso dos poucos que logo reconhecessem as vantagens de uma moeda realmente estável, afinal, induziria os outros a imitá-los.

Devo confessar, porém, a minha surpresa de que, entre tantas pessoas, seja o Prof. Friedman quem manifeste tão pouca fé em que a competição fará prevalecer a melhor moeda, uma vez que a única razão para que ele acredite que o monopólio possa algum dia fornecer uma moeda melhor parece ser, simplesmente, o temor pela indolência produzida por velhos hábitos.

Capítulo 15

O Comportamento Desejável do Estoque de Moeda

Até aqui, provisoriamente, adotamos o pressuposto de que o tipo de dinheiro que os indivíduos preferirão usar será também aquele que tem possibilidade de conduzir ao funcionamento tranquilo do processo de mercado como um todo. Embora isso seja plausível e, como veremos, aproximadamente verdadeiro na prática, não é evidente por si mesmo. Ainda precisamos examinar a validade dessa suposição. É no mínimo concebível que o uso de um tipo específico de dinheiro seja mais conveniente para cada indivíduo, muito embora cada um pudesse estar em melhor situação se as demais pessoas usassem um outro tipo de dinheiro.

Vimos na Seção XIII que a ação econômica bem sucedida (ou a realização das expectativas que a determinaram) depende em grande parte da previsão aproximadamente correta dos preços futuros. Essas previsões serão baseadas nos preços correntes e na estimativa de suas tendências, mas os preços futuros serão sempre, até certo ponto, imprevisíveis, pois as circunstâncias que os determinam serão desconhecidas para a maioria dos indivíduos. De fato, a função dos preços é precisamente divulgar, tão rapidamente quanto possível, sinais de mudanças que o indivíduo não é capaz de conhecer, mas em função das quais precisa reajustar seus planos. Esse sistema funciona porque, no todo, os preços atuais são indicações bastante confiáveis do que serão provavelmente os preços futuros, sujeitos apenas a desvios "acidentais" que, como vimos, se os preços médios permanecerem constantes, provavelmente contrabalançarão um ao outro. Também vimos como a compensação dos erros de previsão se torna impossível quando ocorre um movimento grande e geral de preços numa só direção;

Mas os preços atuais de determinados bens ou grupos de bens, certamente, também podem induzir-nos ao erro se forem causados por eventos não recorrentes, tais como entradas e saídas temporárias de dinheiro no sistema. Essas aparentes mudanças na demanda, numa determinada direção, produzem, de modo peculiar, um efeito contrário ao que o sistema de preços deveria produzir: sistematicamente canalizam os esforços da produção para direções que não podem ser sustentadas. Os casos mais importantes e recorrentes desse tipo de má alocação de recursos ocorrem quando, pela criação (ou retirada) de quantidades de dinheiro, os fundos disponíveis para investimento são substancialmente aumentados, ultrapassando as quantias correntemente transferidas do consumo para o investimento, ou seja, economizadas (ou substancialmente diminuídos, ficando abaixo delas). Esse processo, embora seja o causador das crises e depressões periódicas, não é um efeito específico de um tipo particular de moeda que possa ser percebido pelos usuários, levando-os a adotar uma outra. Podemos supor que ao escolher a moeda que irá usar, o indivíduo seja influenciado apenas pelos atributos que diretamente afetem suas ações e não pelas consequências indiretas de mudanças na sua quantidade, cujos efeitos se farão sentir sobretudo através das decisões de outras pessoas.

O ESTOQUE DE MOEDA, PREÇOS ESTÁVEIS E A EQUIVALÊNCIA DE INVESTIMENTOS E POUPANÇA

Embora Knut Wicksell, o primeiro autor moderno a chamar atenção para a importância crucial das divergências entre investimento e poupança, acreditasse que elas desapareceriam se o valor do dinheiro fosse mantido constante, essa teoria, infelizmente, não se demonstrou estritamente correta. Atualmente se admite que nem mesmo esses acréscimos da quantidade de dinheiro, que numa economia crescente são necessários para assegurar um nível *estável* de preços, possam fazer com que o nível de investimentos supere o de poupança. Mas, embora eu esteja entre aqueles que logo apontaram essa dificuldade[65], estou inclinado a crer que seja um problema de importância prática mínima. Se os acréscimos ou decréscimos da quantidade de dinheiro jamais excedessem a quantidade necessária para manter os preços médios mais ou menos constantes, estaríamos tão próximos de uma situação na qual os investimentos corresponderiam aproximadamente à poupança quanto estaríamos se utilizássemos qualquer outro método concebível. De qualquer forma, em comparação com as divergências entre investimento e poupança que necessariamente acompanham as grandes oscilações nos níveis dos preços, aquelas que ainda ocorreriam quando o nível de preços fosse estável provavelmente seriam de uma ordem de grandeza com a qual não nos precisaríamos preocupar.

A FICÇÃO DO "DINHEIRO NEUTRO"

Minha impressão é a de que os economistas ficaram ambiciosos demais em relação ao grau de estabilidade que consideram atingível

[65] Hayek (25), pp.114 *passim.*

ou mesmo desejável no contexto de qualquer ordem econômica concebível, e de que, infelizmente, encorajaram reivindicações políticas quanto à manutenção do nível de emprego a um nível salarial desejado, exigências essas que, a longo prazo, nenhum governo pode satisfazer. Essa perfeita realização dos desejos individuais, que o modelo teórico de um perfeito equilíbrio de mercado extrai da pressuposição de que o dinheiro necessário para tornar possível a troca indireta não tem influência sobre os preços relativos, é uma imagem totalmente fictícia, à qual nada no mundo real pode jamais corresponder. Embora eu mesmo tenha prestigiado a expressão "dinheiro neutro" (que, como descobri mais tarde, havia inconscientemente tomado emprestada de Wicksell), ao usá-la pretendia descrever esta hipótese geralmente levantada pela análise teórica e questionar se qualquer dinheiro real poderia jamais possuir essa propriedade, e não considerá-la como uma meta a ser alcançada pela política monetária[66]. Há muito tempo cheguei à conclusão de que nenhum dinheiro real pode ser neutro nesse sentido, e de que devemos ficar satisfeitos com um sistema que seja capaz de rapidamente corrigir os erros inevitáveis. A situação que, na prática, mais se aproxima de um tal sistema parece-me ser aquela em que os preços dos "fatores originais da produção" fossem mantidos constantes. Mas, como para o preço da terra e da mão de obra dificilmente podemos, em geral, encontrar uma medida estatística, a aproximação mais viável parece ser exatamente aquela estabilidade dos preços das matérias primas e talvez de outros preços por atacado que nos poderia ser assegurada pelo uso de moedas competitivamente emitidas.

Prontamente admito que essa solução provisória (que pode ser gradualmente aperfeiçoada pela experiência da competição), embora nos forneça um dinheiro infinitamente melhor e uma estabilidade econômica geral muito maior do que qualquer outra que já tivemos, deixa em aberto várias questões para as quais não tenho resposta pronta. Mas parece atender muito melhor às necessidades mais urgentes do que quaisquer outros prospectos que pudessem existir enquanto não se cogitar de abolir o monopólio da emissão do dinheiro e de tornar livre e competitiva a atividade de fornecer moeda.

Maior demanda por liquidez

Para eliminar um tipo de dúvida que eu mesmo já tive, sobre a possibilidade de manter um nível estável de preços, podemos

66 Hayek (26).

examinar resumidamente o que aconteceria se, num dado momento, a maioria dos membros de uma comunidade desejasse manter uma proporção muito maior de seu patrimônio sob uma forma de alta liquidez. Será que isso não justificaria, e até mesmo exigiria, que o valor do ativo de maior liquidez, isto é, do dinheiro, subisse em comparação ao dos bens?

A resposta é que tais necessidades de todos os indivíduos poderiam ser atendidas não só pelo aumento do *valor* dos ativos líquidos existentes – o dinheiro – mas também pelo aumento das *quantidades* que mantivessem em caixa. O desejo, em cada indivíduo, de manter uma parcela maior de seus recursos sob forma de alta liquidez pode ser atendido por meio de acréscimos ao estoque total de dinheiro. Desta forma, paradoxalmente, aumenta o montante global do valor que os indivíduos atribuem a todos os ativos existentes e também à parcela desse conjunto que tem grande liquidez. É claro que nada pode aumentar, globalmente, a liquidez de uma comunidade fechada, se é que esse conceito tem qualquer significado; exceto, talvez, se quisermos estender esse significado a uma transferência da produção de bens altamente específicos para a de bens extremamente versáteis que facilitariam a adaptação a eventos imprevistos.

Não há necessidade de temer uma hipotética demanda por mais dinheiro sob a alegação de que seria necessário mais dinheiro para assegurar a liquidez adequada. A quantidade necessária de qualquer moeda será sempre aquela que pode ser emitida ou mantida em circulação sem causar um aumento ou uma redução no preço total de uma "cesta" de bens que, pressupostamente, deve permanecer constante. Essa regra satisfará todas as demandas legítimas que as variáveis "necessidades do comércio" venham a exigir. E isso será verdadeiro desde que o referido conjunto de bens possa ser comprado ou vendido pelo referido preço total, e o aumento ou diminuição dos saldos em dinheiro não interfira com essa condição.

Continua a ser verdadeiro, porém, que, enquanto moedas boas e más circularem lado a lado, o indivíduo não conseguirá proteger-se inteiramente dos efeitos adversos das moedas más, mesmo que utilize somente as boas em suas transações. Uma vez que os preços relativos dos diferentes bens deve ser o mesmo em termos das diferentes moedas concorrentes, o usuário de uma moeda estável não pode escapar aos efeitos da deformação da estrutura de preços causada pela inflação (ou deflação) de uma moeda concorrente que seja amplamente usada. Portanto, o benefício de um andamento estável das atividades econômicas que, como procuramos demonstrar, seria produzido pelo uso de um dinheiro estável só poderia ser obtido se a grande maioria das transações fosse efetuada em moedas estáveis. Creio que a substituição da maior parte do dinheiro mau pelo bom ocorreria em muito pouco tempo, embora perturbações ocasionais da estrutura de preços e, consequentemente, da atividade econômica em geral não possam ser totalmente eliminadas até que o público tenha aprendido a rejeitar rapidamente ofertas tentadoras de dinheiro barato.

Capítulo 16

Atividade Bancária Livre

Alguns dos problemas que estamos debatendo foram extensamente discutidos no decorrer de um grande debate sobre a "livre atividade bancária" em meados do século passado, principalmente na França e na Alemanha[67]. Esse debate girou em torno da questão dos bancos deverem ou não ter o direito de emitir notas bancárias resgatáveis na moeda nacional oficial, de ouro ou prata. As notas bancárias eram muito mais importantes na época do que o até então pouco disseminado emprego das contas correntes, as quais só vieram a adquirir importância depois de ter sido final e definitivamente negado aos bancos comerciais o direito de emitir notas bancárias. (Talvez, em parte, a importância que as contas correntes vieram a ter se deva a esse mesmo motivo). O resultado desse debate resultou no estabelecimento, em todos os países europeus, de um só banco privilegiado pelo governo com o direito de emitir notas. (Os Estados Unidos só o fizeram em 1914.).

Uma só moeda nacional e não várias moedas em competição

Deve-se observar particularmente que, naquele tempo, a demanda pela livre atividade bancária era, de um modo geral, uma demanda no sentido de que os bancos comerciais tivessem permissão de emitir notas resgatáveis em termos da única moeda nacional estabelecida. Até onde sei, jamais foi contemplada a possibilidade de bancos concorrentes emitirem moedas *diferentes*. Isto era, é claro, uma consequência da ideia de que somente as notas bancárias resgatáveis em ouro ou prata eram viáveis e, portanto, notas relativas a qualquer outra quantidade do metal precioso que não fosse a quantidade padronizada seriam apenas inconvenientes e não teriam qualquer objetivo prático.

Porém, esse antigo e legítimo argumento em prol da liberdade de emissão de notas pelos bancos foi invalidado quando as notas que emitiam passaram a não ser mais resgatáveis em ouro ou prata, por cujo suprimento cada banco emitente era total e individualmente responsável, mas em termos de uma moeda fiduciária legal fornecida por um privilegiado banco central cuja existência, àquela altura, se devia à necessidade de fornecer a moeda corrente necessária para resgatar

[67] Um bom exame dessa discussão se encontra em V. C. Smith (55).

as notas dos bancos emitentes particulares. Esse sistema, totalmente indefensável, foi evitado (pelo menos em relação à emissão de notas, embora não o fosse em relação à emissão de depósitos em cheque) pela proibição de emissão particular de notas.

As solicitações por uma livre atividade bancária (isto é, pela livre emissão de notas bancárias) baseavam-se principalmente na alegação de que essa liberdade capacitaria os bancos a fornecerem crédito cada vez mais barato. Pelo mesmo motivo, eram repelidas por aqueles que percebiam que o efeito seria inflacionário – embora pelo menos um defensor da liberdade de emissão de notas a tivesse, apoiado, alegando que:

> aquilo que se denomina liberdade de atividade bancária resultaria na total supressão das notas bancárias na França. Quero conceder a todos o direito de emitir notas bancárias, para que ninguém mais aceite quaisquer notas bancárias[68].

A ideia era, naturalmente, que o inevitável abuso desse direito, ou seja, a emissão de uma quantidade de notas que os bancos seriam incapazes de resgatar com suas próprias reservas, acarretaria seu fracasso.

A vitória final daqueles que advogavam a centralização da emissão nacional de notas foi, porém, de fato, atenuada por uma concessão àqueles que estavam primordialmente interessados na possibilidade de os bancos fornecerem crédito barato. Tal concessão consistiu em reconhecer como obrigação do banco emissor privilegiado o suprimento dos bancos comerciais com tantas notas quantas esses bancos necessitassem para resgatar seus depósitos em contas correntes, cuja importância aumentava velozmente. Essa decisão, ou melhor, o reconhecimento dessa prática na qual os bancos centrais se deixaram arrastar, produziu um desafortunado sistema híbrido em que a responsabilidade pela quantidade total de dinheiro foi dividida de uma maneira fatal, de tal forma que ninguém mais tinha condições de controlá-la eficazmente.

Depósitos à vista são como notas bancárias ou cheques

Esses malfadados acontecimentos tiveram lugar porque, por muito tempo, não houve uma compreensão geral de que os depósitos sujeitos a cheques desempenhavam essencialmente o mesmo papel que as

[68] H. Cernuschi (9), tal como citado por L. v. Mises (47), p.446; também V. C. Smith (55), p.91.

notas bancárias, podendo ser criados pelos bancos comerciais exatamente da mesma maneira como criavam as notas bancárias. O consequente esfacelamento daquilo que ainda se acreditava ser o monopólio governamental da emissão de todo o dinheiro resultou no controle da quantidade de dinheiro ficar dividido entre um banco central e um grande número de bancos comerciais cuja criação de crédito só podia ser influenciada indiretamente. Só muito mais tarde é que se veio a compreender que a "inerente instabilidade de crédito"[69] dentro daquele sistema era um resultado necessário dessa característica: que a liquidez fosse fornecida principalmente por instituições que, por sua vez, tinham de se manter líquidas em termos de outra forma de dinheiro, para que fossem obrigadas a *reduzir* as suas obrigações a pagar precisamente quando todo mundo também desejava tornar-se *mais* líquido. Nessa época, esse tipo de estrutura já se havia estabelecido tão firmemente que, apesar da "perversa elasticidade da oferta de crédito"[70] que produzia, veio a ser considerada inalterável. Walter Bagehot enxergou nitidamente esse dilema cem anos antes, mas perdeu as esperanças quanto à possibilidade de consertar esse defeito da estrutura bancária firmemente estabelecida[71]. Wicksell e, mais tarde, von Mises deixaram claro que esse sistema necessariamente levará a violentas e repetidas flutuações da atividade financeira – os chamados "ciclos econômicos".

NOVOS CONTROLES SOBRE A MOEDA; NOVAS PRÁTICAS BANCÁRIAS

Uma das vantagens, e certamente não a menor, da sugerida abolição do monopólio governamental da emissão do dinheiro é que ela nos forneceria uma oportunidade de escaparmos do *impasse* em que o desenvolvimento desse monopólio nos colocou. Criaria as condições para que a responsabilidade pelo controle da quantidade de moeda fosse atribuída a agências que no seu próprio interesse a controlariam de maneira a torná-la mais aceitável do ponto de vista dos usuários.

---

[69] A expressão foi originalmente cunhada por R. G. Hawtrey.

[70] Cf. L. Currie (12).

[71] W. Bagehot (3), p.160: "Insisto, até o fim, que o sistema natural da atividade monetária é aquele em que muitos bancos mantêm suas próprias reservas, com a penalidade do fracasso imposta a eles se a negligenciarem. Demonstrei que nosso sistema consiste em um único banco manter todas as reservas sem real penalidade caso haja fracasso. No entanto, proponho manter esse sistema e só tentar remendá-lo e contemporizar ... pois tenho bastante certeza de que de nada adianta propor uma alteração dele ... não há força adequada a uma reconstrução tão vasta, e a uma destruição tão vasta: portanto é inútil propô-las." Essa afirmação era quase que certamente correta, enquanto o sistema dominante funcionasse a contento, mas não depois que entrasse em colapso.

Fica também evidente que a reforma proposta exige uma completa modificação nas práticas não somente dos bancos que empreendem a tarefa de emitir moeda mas também daqueles que não o fazem. Desse modo, estes últimos não poderiam confiar em que seriam salvos por um banco central caso não pudessem atender, com suas próprias reservas, as demandas de seus clientes por moeda – nem mesmo se tivessem decidido registrar todas as suas contas em termos da moeda emitida por um banco central ainda existente, o qual, para manter sua circulação, teria de adotar as práticas de outros bancos emitentes com os quais competisse.

Oposição ao novo sistema por parte dos banqueiros estabelecidos...

Essa necessidade de que todos os bancos desenvolvam práticas totalmente novas será indubitavelmente a causa de forte oposição à abolição do monopólio governamental. É improvável que a maioria dos banqueiros mais velhos, criados na rotina dominante da atividade bancária, sejam capazes de enfrentar esses problemas. Estou certo de que muitos dos atuais líderes da profissão não entenderão como esse sistema poderia funcionar e, portanto, o descreverão como impraticável e impossível.

Particularmente em países onde, há gerações, a competição entre bancos está restrita a sistemas de cartéis, geralmente tolerados e até encorajados pelos governos, a geração de banqueiros mais velhos provavelmente seria completamente incapaz até mesmo de imaginar como funcionaria o novo sistema e, portanto, sua rejeição a ele seria praticamente unânime. Mas essa previsível oposição dos profissionais estabelecidos não nos deveria deter. Estou convencido também de que, se uma nova geração de jovens banqueiros tivesse oportunidade, logo desenvolveria técnicas para tornar as novas formas de atividade bancária não somente mais seguras e lucrativas como também muito mais benéficas à comunidade como um todo do que a atividade bancária que hoje existe.

...E por parte dos excêntricos da atividade bancária

Outra curiosa fonte de oposição, pelo menos uma vez que se tivesse descoberto que os efeitos da "livre atividade bancária" seriam diametralmente opostos aos que eram esperados, seria a dos numerosos excêntricos que advogavam a "livre atividade bancária" por motivos inflacionários[72]. Uma vez que o público tivesse uma alternativa, ficaria impossível induzi-lo a manter dinheiro barato como reserva, e o desejo de livrar-se da moeda que corresse o risco de perder seu valor rapidamente a transformaria num dinheiro em extinção. Os inflacionistas protestariam porque, no fim, restaria somente um dinheiro muito "bom". *O dinheiro é a única coisa que a competição não barateia, pois sua capacidade de atração reside na preservação de seu valor alto.*

O PROBLEMA DE UM DINHEIRO "CARO" (ESTÁVEL)

A competição, cujo mérito maior é o de tornar mais caros os produtos dos concorrentes, suscita várias questões interessantes. Em torno de que competirão os fornecedores, uma vez que tenham estabelecido reputação e grau de confiança semelhantes por manter estáveis suas moedas? Os lucros da atividade de emissão (que, na realidade, significa tomar empréstimos sem juros) serão muito grandes e não parece provável que muitas firmas possam dedicar-se com sucesso a essa atividade. Por esse motivo, a prestação de serviços às empresas que baseiam sua contabilidade na moeda de um banco provavelmente virá a ser a principal arma de competição, e não me surpreenderia se os bancos passassem a praticamente fazer a contabilidade de seus clientes.

Contudo, mesmo que os lucros muito grandes dos emitentes de moeda que tivessem sido bem sucedidos não fosse um preço excessivamente alto a ser pago por um dinheiro bom, inevitavelmente criariam consideráveis dificuldades políticas. Independentemente da inevitável grita contra os lucros do monopólio do dinheiro, a real ameaça ao sistema seria a cobiça dos Ministros da Fazenda que logo reivindicariam uma participação nesses lucros em troca da permissão para que uma moeda circule em seu país, o que, naturalmente, estragaria tudo. Com efeito, talvez fique provado ser quase tão impossível um governo democrático não interferir no dinheiro quanto regulá-lo com sensatez.

Assim, o perigo real é que, enquanto hoje a população suporta submissa qualquer abuso da prerrogativa governamental sobre o dinheiro, tão logo seja possível afirmar que o dinheiro é emitido por

---

72 A lista é muito longa e, além dos conhecidos autores cujas obras são citadas sob os números 13, 22, 44 e 51 na Bibliografia desta edição, a série de estudos de Edward Clarence Riegel (1879-1953) publicados entre 1929 e 1944 merece menção especial como exemplo de como os resultados de uma compreensão profunda e longa reflexão, que parecem ter obtido a atenção de um economista da estatura de Irving Fisher, podem ser completamente invalidados pela ignorância da economia elementar. Foi anunciada a publicação de um volume póstumo de Riegel, entitulado *Flight from Inflation. The Monetary Alternative*, pela Hector Foundation, San Pedro, Califórnia.

"ricas instituições financeiras", as reclamações contra o abuso do alegado monopólio se tornarão incessantes. Eliminar o suposto privilégio do poder do dinheiro se tornará a constante exigência dos demagogos. Tenho confiança em que os bancos sejam sábios o bastante para não desejar sequer aproximar-se de uma posição monopolista; mas limitar o volume de seus negócios pode tornar-se um de seus problemas mais delicados.

CAPÍTULO 17

O FIM DA INFLAÇÃO E DA DEFLAÇÃO?

Não parece ser possível, em circunstâncias normais, nem um aumento *geral* nem uma queda *geral* dos preços enquanto vários emitentes de diferentes moedas tiverem permissão de competir livremente sem interferência do governo. Haverá sempre um ou mais emitentes que considerarão vantajoso regular a oferta de sua moeda de forma a manter constante seu valor em relação ao preço global de um conjunto de bens amplamente usados. Essa atitude forçaria quaisquer emissores menos previdentes de moedas concorrentes a evitar variações, em ambas as direções, no valor de sua moeda se não quiserem ou pôr a perder sua atividade de emissão ou defrontar-se com o valor de sua moeda caindo até zero.

PREÇO ALGUM, NEM MESMO O DO PETRÓLEO, É RESPONSÁVEL PELA CHAMADA INFLAÇÃO AGRAVADA PELO AUMENTO DOS CUSTOS

Naturalmente, estamos considerando como evidente em si mesmo o fato de que os preços médios em termos de uma moeda possam ser sempre controlados por ajustes adequados de sua quantidade. A meu ver, a análise teórica e a experiência confirmam essa proposição. Portanto, não precisamos dar atenção às opiniões, muito comuns em períodos de inflação prolongada, que procuram isentar de culpa os governos ao afirmar que o contínuo aumento de preços não é culpa de uma política, mas consequência de um aumento inicial dos custos. Deve-se responder a essa alegação dizendo enfaticamente que, em sentido estrito, simplesmente não existe esse fenômeno denominado inflação provocada pelo aumento de custos. Nem salários mais altos, nem os preços majorados do petróleo, ou mesmo das importações em geral, são capazes de elevar o preço médio de todos os bens a *não ser que os compradores recebam mais dinheiro para comprá-los.* Aquilo que se denomina inflação provocada pelo aumento dos custos é apenas o efeito de aumentos na quantidade de dinheiro que os governos sentem necessidade de efetuar a fim de evitar o desemprego resultante de um prévio aumento dos salários (ou de outros custos), concedido na expectativa de que o governo aumentasse a quantidade de dinheiro. Pretendem, assim, fazer com que todos os trabalhadores possam encontrar emprego, graças a um aumento na demanda de seus produtos. Se o governo não aumentasse a quantidade de dinheiro, esse aumento nos salários de um grupo de trabalhadores não acarretaria um aumento no nível geral de preços; conduziria simplesmente a uma redução das vendas e, portanto, ao desemprego. Vale a pena, porém, examinar mais detidamente o que aconteceria se um cartel, ou outra organização monopolística, tal como um sindicato de trabalhador, tivesse sucesso em elevar substancialmente o preço de uma importante matéria-prima ou os salários de um grande grupo de trabalhadores, fixando-os em termos de uma moeda cujo emissor se empenha em mantê-la estável. Em tais circunstâncias, a estabilidade do nível de preços em termos dessa moeda só poderia ser atingida pela redução de vários outros preços. Se as pessoas tiverem que pagar uma quantidade de dinheiro maior pelo petróleo, ou pelos livros e papéis impressos que consomem, terão que diminuir seu consumo de algumas outras coisas.

O PROBLEMA DA RIGIDEZ DE PREÇOS E SALÁRIOS

Nenhuma moeda pode, é claro, eliminar a rigidez mantida por alguns preços. Mas pode tornar inviável uma política que incentive essa rigidez, obrigando aqueles que mantêm rígidos os preços, mesmo diante de uma demanda reduzida, a aceitar a consequente redução em suas vendas.

A diferença de abordagem entre a escola "keynesiana" dominante e a opinião que fundamenta a presente exposição reside, em última instância, na atitude adotada em relação ao fenômeno da rigidez de preços e salários. Em grande parte, Keynes foi levado a sustentar essa opinião pela sua crença de que a crescente rigidez dos salários era um fato inalterável com o qual tínhamos que nos conformar e cujo efeito só poderia ser atenuado pela acomodação da moeda à taxa de salários em vigor. (Esta opinião, de certa forma, podia ser justificada fazendo-se referência ao ocorrido na Inglaterra na década de 20, quando, como resultado de uma tentativa insensata de elevar o valor externo da libra, a maior parte dos salários ingleses ficou incompatível com os preços internacionais dos bens). Sustento, desde então, que a adaptação da quantidade de dinheiro à rigidez de alguns preços e, particularmente, dos salários, aumentaria muito o efeito dessa rigidez, impedindo, consequentemente, a longo prazo, o bom funcionamento do mercado.

O EQUÍVOCO DOS "BENEFÍCIOS DE UMA INFLAÇÃO SUAVE"

Toda inflação é muito perigosa precisamente porque muitas pessoas, inclusive muitos economistas, consideram inofensiva, e até mesmo benéfica, uma inflação suave. Há alguns erros de política em relação aos quais é mais importante acatar a máxima *principiis obsta*[73]. Aparentemente, e surpreendentemente, nem mesmo alguns economistas entendem o mecanismo auto-acelerante de toda inflação artificialmente criada. O estímulo geral inicial gerado por um aumento da quantidade de dinheiro é devido, principalmente, ao fato de que os preços e, portanto, os lucros, acabam sendo mais altos do que o esperado. Todos os empreendimentos são bem sucedidos, inclusive alguns que deveriam fracassar. Mas isso só pode durar enquanto a expectativa geral não for de um contínuo aumento dos preços. Tão logo as pessoas aprendam a contar com ele, mesmo um aumento contínuo e constante dos preços não será mais capaz de gerar aquele estímulo inicial.

A política monetária enfrenta então um desagradável dilema. Para manter o grau de atividade que criou por meio de uma inflação suave, terá de acelerar a taxa de inflação, e terá de fazê-lo repetidamente, a uma taxa cada vez maior, sempre que a taxa de inflação do momento já for esperada. Se deixa de fazê-lo e para de acelerar ou acaba inteiramente com a inflação, a economia ficará numa situação muito pior do que quando o processo começou. A inflação terá não só permitido que se acumulem erros comuns de julgamento, os quais normalmente são eliminados de imediato e agora terão que ser liquidados todos ao mesmo tempo, como terá, além disso, causado o mau direcionamento da produção e canalizado mão de obra e outros recursos para atividades que só poderiam ser mantidas se os investimentos adicionais financiados pelo aumento na quantidade de dinheiro pudessem ser mantidos.

Tão logo se torne amplamente percebido que quem controlar o estoque total de moeda de um país tem por isso mesmo o poder de proporcionar, na maioria dos casos, alívio quase instantâneo ao desemprego, ainda que ao preço de um desemprego posterior muito maior, a pressão política sobre esse elemento deve tornar-se irresistível. A ameaça dessa possibilidade sempre foi entendida por alguns economistas que, por esse motivo, sempre desejaram restringir as autoridades monetárias com regras que não pudessem ser desrespeitadas. Mas desde que uma escola de teóricos possa trair ou ignorar essa percepção, adquirindo assim uma popularidade temporária, torna-se demasiado perigoso tolerar que se mantenha um controle político sobre a oferta de moeda. Entretanto, pode-se exercer grande pressão política sobre os mais importantes bancos privados emitentes para fazer com

---

[73] ("Resistir a começos" (ou, em linguagem coloquial, "cortar pela raiz"). Ovídio, *Remedia Amoris,* 91, trad. Showerman, oxford Dictionary of Quatations, OUP. – Ed.)

que eles relaxem suas condições de crédito e aumentem sua circulação; se uma instituição *não monopolista* cedesse a essa pressão, logo deixaria de ser um dos mais importantes emissores.

A "ilusão monetária", ou seja, a crença de que o dinheiro representa um valor constante, só pode surgir porque era inútil preocupar-se com alterações no valor do dinheiro já que nada poderia ser feito a respeito. Uma vez que as pessoas tenham uma possibilidade de escolha, tornar-se-ão bastante conscientes das várias alterações do valor das diferentes moedas a que têm acesso. Seria, como deveria ser, do conhecimento geral que o dinheiro precisa ser vigiado, e o ato de alertar as pessoas para tomar cuidado com uma determinada moeda seria considerado digno de elogio e não uma atitude antipatriótica.

A RESPONSABILIDADE PELO DESEMPREGO SERIA ATRIBUÍDA AOS SINDICATOS DE TRABALHADORES

Tirar do governo o poder de contrabalançar os efeitos de aumentos impingidos monopolisticamente aos salários ou preços, aumentando a quantidade de dinheiro devolveria a responsabilidade pelo pleno uso de recursos a seu devido lugar: junto àqueles que efetivamente tomam as decisões que causam o problema – os monopolistas que negociam os salários ou preços. Já devíamos ter compreendido que a tentativa de combater com a inflação o desemprego causado pelas ações monopolísticas de sindicatos de trabalhadores simplesmente adiará os efeitos sobre o emprego para o momento em que a taxa de inflação, necessária para manter o emprego através do contínuo aumento da quantidade de dinheiro, se tornar insuportável. Quanto mais cedo pudermos tornar impossível que tais medidas desastrosas sejam tomadas – provavelmente inevitáveis enquanto o governo tiver o poder monetário de toma-las – melhor para todos os envolvidos.

O esquema aqui proposto, na verdade, faria algo mais do que apenas impedir inflações e deflações no sentido estrito desses termos. Nem todas as alterações no nível geral dos preços são causadas por mudanças na quantidade de dinheiro, ou pela sua deficiência em adaptar-se a alterações na demanda por dinheiro para ser mantido como reserva; e somente as alterações de preço assim produzidas podem ser propriamente denominadas inflação ou deflação. É verdade que hoje em dia é pouco provável que hajam grandes alterações simultâneas no fornecimento de muitos dos bens mais importantes, como acontecia quando variações nas colheitas podiam causar escassez ou saturação da maioria dos principais gêneros alimentícios e dos materiais de vestuário. Hoje, a aguda escassez (ou saturação) de um produto seria, talvez, concebível em tempo de guerra, num país cercado por inimigos ou numa ilha. Pelo menos se o índice de preços das mercadorias que orientasse a emissão de moeda no país fosse baseado principalmente em preços nacionais, essa regra poderia conduzir a modificações no fornecimento de moeda destinadas a neutralizar movimentos de preços não causados por fatores monetários.

Impedindo a Deflação Geral

O leitor pode ainda não se sentir totalmente seguro com o fato de que, no tipo de sistema monetário competitivo que estamos examinando, a deflação geral será tão impossível quanto uma inflação geral. A experiência parece realmente ter demonstrado que, em condições de grave incerteza ou temor sobre o futuro, nem mesmo taxas de juros muito baixas podem impedir um retraimento dos empréstimos de um banco. O que poderia fazer um banco que emitisse sua própria moeda quando se visse numa situação dessas, e os preços dos bens em termos de sua moeda ameaçassem cair? E até onde iria seu interesse em deter essa queda de preços se as mesmas circunstâncias afetassem igualmente as instituições concorrentes?

É claro que não haveria dificuldade na colocação de dinheiro adicional numa época em que o povo em geral desejasse uma grande liquidez. Por outro lado, o banco emitente não desejaria incorrer na obrigação de manter um valor de resgate de sua moeda mais alto do que aquele ao qual havia sido emitida. Para apoiar investimentos lucrativos, o banco presumivelmente seria levado a comprar títulos que rendem juros, colocando dessa forma dinheiro vivo nas mãos de pessoas que estivessem procurando outros investimentos, bem como a baixar as taxas de juros a longo prazo, para conseguir um efeito semelhante. Uma instituição com uma considerável circulação de dinheiro poderia até mesmo achar prático comprar, para armazenar, quantidades das mercadorias consideradas no cálculo do índice e cujo preço tivesse uma maior tendência de queda.

Isso seria suficiente para neutralizar qualquer tendência de queda nos preços em geral produzida pelo próprio processo econômico, e, se atingido, esse efeito seria, provavelmente, o mesmo que poderia ser obtido por qualquer administração do dinheiro. Mas é claro que não se deve excluir totalmente o fato de que alguns eventos podem causar um tal estado geral de descontentamento e letargia, que nada poderia induzir as pessoas a retomar seus investimentos e a deter, desse modo, uma iminente queda de todos os preços. Na medida em que isso se devesse a eventos extrínsecos, tais como o medo de uma iminente catástrofe mundial ou do iminente advento do comunismo, ou, em algumas regiões, o desejo de converter todos os bens pessoais em dinheiro como preparação para a fuga, provavelmente nada poderia impedir uma queda geral dos preços dos bens que não fossem facilmente transportáveis. Mas, enquanto existissem condições para a efetiva condução de empreendimentos capitalistas, a competição poderia fornecer um dinheiro que causaria tão pouca perturbação ao seu funcionamento quanto possível. E isso é provavelmente tudo o que podemos esperar[74].

[74] A dúvida que resta é relativa à questão de saber se, em tais circunstâncias, aqueles que têm dinheiro vivo em mãos não poderiam preferir trocá-lo por uma moeda em valorização, muito embora tal moeda provavelmente não fosse estar disponível naquele dado momento.

Capítulo 18

Política Monetária, Nem Desejável, Nem Possível

É verdade que, no esquema proposto, não poderia existir uma política monetária tal como a que conhecemos. Não se pode negar que, com o tipo de divisão de responsabilidade existente entre os emissores do dinheiro básico e os de uma circulação parasitária baseada nele, os bancos centrais devem, para impedir que as coisas escapem totalmente de seu controle, tentar deliberadamente impedir situações que eles só possam influenciar mas não possam controlar diretamente. Mas o sistema de banco central que, há apenas 50 anos, foi considerado como o evento culminante da sabedoria financeira desacreditou-se inteiramente. Isso é ainda mais verdadeiro porque, com o abandono do padrão ouro e das taxas de câmbio fixas, os bancos centrais passaram a ter poderes de arbítrio mais amplos do que tinham quando ainda estavam tentando agir com base em regras rígidas. E isso é verdadeiro tanto em países onde o objetivo da política é ainda um razoável grau de estabilidade, como em países sobrecarregados pela inflação.

Governo, a principal fonte da instabilidade

Temos o testemunho de uma autoridade competente – que de forma alguma deixava de simpatizar com as aspirações modernas – de que, durante a recente década de 1962 a 1972 (quando os partidários de uma "sintonia fina" em política monetária tiveram uma influência que esperamos jamais venham a ter de novo), a maior parte das flutuações eram consequência da política monetária e orçamentária[75]. E, certamente, não se pode alegar que o período desde o abandono da regulamentação semiautomática da quantidade de dinheiro tenha sido, *de modo geral,* mais estável ou livre de perturbações monetárias do que os períodos do padrão ouro ou das taxas de câmbio fixas.

Realmente começamos a perceber o quanto seria diferente o panorama econômico produzido pela livre emissão de moedas concorrentes

[75] O. Eckstein (14), especialmente p.19: "Tradicionalmente, a teoria da estabilização considera a economia privada, capitalista, como um mecanismo que produz flutuações... Não há dúvida de que o governo é a fonte primordial da instabilidade". E p.25: "A taxa de inflação (nos EE.UU. entre 1962 e 1972) teria sido substancialmente.inferior, o crescimento real teria sido mais homogêneo, a quantidade total de desemprego experimentada seria pouco alterada, mas as variações teriam sido mais suaves e as condições terminais no final de período teriam permitido evitar os controles de preços e salários."

quando nos damos conta de que, sob tal sistema, o que se conhece hoje como política monetária não seria nem necessário nem sequer possível. Os bancos emissores, guiados somente por sua busca de lucro, serviriam ao interesse público melhor do que qualquer instituição que supostamente tivesse isso como meta jamais fez ou poderia fazer. Tampouco existiria algo que se pudesse definir como a quantidade de dinheiro de uma nação ou região, nem seria desejável que os emissores das várias moedas tivessem como meta qualquer coisa que não fosse tornar maior possível o valor agregado de sua moeda, que o público estava disposto a manter como reserva ao valor unitário dado. Se temos razão, ao afirmar que, tendo a possibilidade de escolher, o público preferiria uma moeda em cuja estabilidade pudesse confiar, este simples fato proporcionaria uma moeda melhor e asseguraria condições financeiras mais estáveis do que nunca.

A suposta fraqueza principal da ordem de mercado, a repetição de períodos de desemprego em massa, é sempre apontada pelos socialistas e outros críticos como um defeito inseparável e imperdoável do capitalismo[76]. Na verdade, pode-se demonstrar que esse fenômeno resulta, exclusivamente, do fato de o governo impedir a iniciativa privada de trabalhar livremente e fornecer a si mesma um dinheiro que assegure a estabilidade. Vimos que não pode haver dúvida de que a livre iniciativa teria sido capaz de fornecer um dinheiro que assegurasse a estabilidade e de, empenhando-se em obter lucro, conduzir as instituições privadas a fazê-lo, se lhes tivesse sido permitido. Não tenho certeza de que a iniciativa privada desempenharia sua tarefa como sugeri, mas inclino-me a pensar que, por seu procedimento habitual de selecionar o método mais bem sucedido, ela acabaria criando melhores soluções para esses problemas do que qualquer pessoa possa prever atualmente.

Política monetária, uma causa de depressões

O que já deveríamos ter aprendido é que a política monetária é, provavelmente, muito mais uma causa do que uma cura de depressões, pois é muito mais fácil, por ceder ao clamor pelo dinheiro barato, causar as distorções da produção que tornam inevitável uma reação posterior, do que ajudar a economia a livrar-se das consequências do desenvolvimento exagerado em determinadas direções. *A passada instabilidade da economia de mercado é consequência de o dinheiro, o mais*

[76] A longa depressão dos anos 30, que conduziu ao renascimento do marxismo (que, se não fosse por isso, provavelmente estaria extinto hoje) foi exclusivamente consequência da má administração do dinheiro pelo governo – tanto antes como após a crise de 1929.

importante regulador do mecanismo de mercado, ter sido ele mesmo excluído da regulação pelo processo de mercado.

Uma única agência governamental monopolista não pode nem possuir as informações que deveriam regular o suprimento de dinheiro nem estar, mesmo que soubesse o que deveria fazer em prol do bem comum, sempre em posição de agir nesse sentido. Realmente, se, como estou convencido, a principal vantagem da ordem de mercado é que os preços veicularão para os indivíduos atuantes as informações vitais, somente a constante observação do curso dos atuais preços de mercadorias específicas pode fornecer informações quanto à direção em que mais ou menos dinheiro deveria ser gasto. O dinheiro não é um instrumento de política que pode conseguir resultados particulares previsíveis através do controle de sua quantidade. Ao contrário, deveria ser parte do mecanismo autorregulador através do qual os indivíduos são constantemente induzidos a ajustar suas atividades a circunstâncias sobre as quais obtêm informações somente através dos sinais abstratos fornecidos pelos preços. Devia ser um elo útil no processo que comunica os efeitos de eventos que ninguém pode conhecer inteiramente, e que é necessário a fim de manter uma ordem na qual os planos dos indivíduos participantes sejam compatíveis uns com outros.

O GOVERNO NÃO PODE AGIR EM PROL DOS INTERESSES GERAIS

Entretanto, mesmo que supuséssemos que o governo poderia saber o que deveria ser feito em relação ao estoque de moeda, em prol do bem comum, é altamente improvável que fosse capaz de agir dessa forma. Assim conclui o Professor Eckstein, no artigo citado acima, a partir de sua experiência na assessoria de governos:

> Os governos não são capazes de viver de acordo com as regras, mesmo que adotem a filosofia [de fornecer uma estrutura estável][77].

Uma vez que os governos tenham o poder de beneficiar grupos ou setores específicos da população, o mecanismo do governo da maioria força-o a usar esse poder para ganhar o apoio de um número suficiente desses grupos ou setores a fim de manter uma maioria. A constante tentação de atender insatisfações locais ou setoriais através da manipulação da quantidade de dinheiro de tal modo que se venha a gastar mais em serviços com aqueles que clamam por assistência será muitas vezes irresistível. Tais gastos não são um remédio apropriado e necessariamente perturbam o funcionamento adequado do mercado.

[77] O. Eckstein (14), p.26.

Numa verdadeira emergência, tal como a guerra, os governos certamente poderiam forçar as pessoas a comprarem obrigações ou outros papéis para fazer face a pagamentos inevitáveis que não poderiam ser feitos com sua arrecadação normal. Os empréstimos compulsórios e coisas semelhantes provavelmente seriam mais compatíveis com a necessidade de reajustar rapidamente a indústria a circunstâncias inteiramente novas do que uma inflação que anule o efetivo funcionamento do mecanismo de preços.

O FIM DOS PROBLEMAS DE BALANÇA DE PAGAMENTOS

Com o desaparecimento de moedas territoriais distintas, desapareceriam, é claro, os chamados "problemas de balança de pagamentos" que, segundo se acredita, causam grandes dificuldades para a atual política monetária. Seria necessário haver uma contínua redistribuição das quantidades relativas e absolutas de moeda em diferentes regiões, à medida que algumas se fossem tornando relativamente mais ricas e outras relativamente mais pobres. Mas isso não criaria mais dificuldades do que o mesmo processo causa hoje dentro das fronteiras de qualquer país grande. As pessoas que enriquecessem teriam mais dinheiro e aquelas que empobrecessem teriam menos. Isso seria tudo. As dificuldades especiais causadas pelo fato de que nas condições atuais a redução da base monetária exclusiva de um país exige uma contração de toda a superestrutura de crédito erigida sobre ela deixariam de existir.

De maneira semelhante, as ligações mais íntimas da estrutura dos preços prevalecentes dentro de um país qualquer em relação a preços em países vizinhos – e com isso a ilusão estatística do movimento relativo de níveis de preços nacionais distintos – em grande parte desapareceriam. Realmente, se descobriria que os "problemas de balança de pagamento" são um efeito totalmente desnecessário provocado pela existência de moedas nacionais distintas, que são a causa de uma indesejável maior coerência entre os preços nacionais do que entre os preços internacionais. Do ponto de vista de uma desejável ordem econômica internacional, "os problemas de balança de pagamento" não são mais que um pseudo problema com o qual ninguém, além do monopolista da emissão de dinheiro num território dado, precisa preocupar-se. E uma das vantagens, sem dúvida não a menor, do desaparecimento de moedas nacionais distintas seria a de que poderíamos voltar aos felizes dias em que ninguém podia saber, por ausência de informações estatísticas, qual era a balança de pagamentos de seu país ou região e, portanto, ninguém podia preocupar-se ou incomodar-se com ela.

Dinheiro barato: uma droga que cria dependência

A crença de que dinheiro barato é sempre desejável e benéfico torna inevitável e irresistível a pressão exercida sobre qualquer autoridade política ou monopolista cuja capacidade de fazer dinheiro barato através da emissão de maior quantidade é conhecida. Entretanto, o barateamento artificial de fundos para empréstimos através da criação de mais dinheiro não somente auxilia os tomadores dos empréstimos, embora às custas de outros, mas também, por algum tempo, tem um efeito geral estimulante sobre a atividade econômica. No entanto, não se percebe com a mesma facilidade que, ao mesmo tempo, tais emissões têm o efeito de destruir o mecanismo regulador do mercado. Efetivamente, o aumento desses fundos para compras adicionais de bens produz uma deformação da estrutura de preços relativos, canalizando recursos para atividades que não têm viabilidade própria, tornando-se, portanto, a causa de uma inevitável reação posterior. Porém, esses efeitos indiretos e vagarosos são, por sua natureza, muitíssimo mais difíceis de reconhecer ou compreender do que os efeitos agradáveis imediatos e, particularmente, do que os benefícios recebidos por aqueles para quem o dinheiro adicional vai em primeira instância.

Prover as pessoas com um meio de troca que possa ser mantido como reserva até ser utilizado para comprar um equivalente daquilo que forneceram a outros é um serviço tão útil quanto a produção de qualquer outro bem. Se um aumento na demanda por tais saldos de caixa for atendido por um aumento na quantidade de dinheiro (ou uma redução dos saldos que as pessoas desejam manter como reserva por um correspondente decréscimo na quantidade total de dinheiro), não haverá perturbação da correspondência entre a demanda e a oferta de todos os outros bens ou serviços. Mas é realmente tão criminoso quanto o roubo habilitar algumas pessoas a comprar mais do que ganharam, e por um valor maior do que outras pessoas, ao mesmo tempo, são obrigadas a renunciar.

Quando cometido por um emissor monopolista de dinheiro, e pelo governo em especial, é um crime muito lucrativo, geralmente tolerado, e que permanece sem punição graças ao fato de suas consequências não serem percebidas. Mas, para o emissor de uma moeda que tem de competir com outras moedas, seria um ato suicida, pois destruiria o serviço em função do qual as pessoas desejavam manter essa moeda em reserva.

Por causa de uma falta de compreensão geral, o crime de uma emissão excessiva por parte de um monopolista continua não somente a ser tolerado, mas até aplaudido. Essa é uma das principais razões por que o funcionamento tranquilo do mercado é tão frequentemente perturbado. Mas, hoje, praticamente qualquer homem de estado que tente fazer o bem nesse campo, e certamente qualquer pessoa que seja forçada a fazer aquilo que os grandes interesses organizados pensam ser bom, estará provavelmente fadado a fazer muito mais mal do que bem. Por outro lado, qualquer um que saiba apenas que o sucesso de seu negócio de emissão de dinheiro reside totalmente na sua habilidade de manter constante o poder aquisitivo de sua moeda acabará fazendo mais pelo bem comum, tendo como meta somente grandes lucros para si mesmo, do que faria se agisse em função de qualquer preocupação conscienciosa com os efeitos mais remotos de suas ações.

Extinção dos bancos centrais

Talvez uma palavra devesse ser explicitamente inserida aqui a respeito do corolário óbvio de que a abolição do monopólio governamental da emissão de dinheiro acarretaria também o desaparecimento dos bancos centrais tais como os conhecemos, não só porque podemos admitir que um banco particular assumisse a função de banco central, mas também porque alguém pode imaginar que, mesmo sem um monopólio governamental da emissão, algumas das funções clássicas dos bancos centrais, tais como a de "banco de segunda linha" ou de "mantenedor último de reserva"[78], ainda seriam necessárias.

Porém, a necessidade de uma tal instituição se deve, inteiramente, ao fato de os bancos comerciais incorrerem em débitos pagáveis à vista em uma unidade de moeda que algum outro banco tem o direito exclusivo de emitir, criando assim, efetivamente, um dinheiro resgatável em termos de outro dinheiro. Essa, como veremos adiante, é realmente a causa principal da instabilidade do sistema de crédito existente e, através dele, das amplas flutuações em toda a atividade econômica. Sem o monopólio do banco central (ou do governo) sobre a emissão do dinheiro e sem as disposições jurídicas sobre a moeda de curso legal, não haveria qualquer justificativa para que os bancos dependessem, para a sua solvência; de dinheiro vivo a ser fornecido por outra entidade. O "sistema reserva única", como o chamou Walter Bagehot, é um companheiro inseparável do monopólio de moeda, mas desnecessário e indesejável sem ele.

---

[78] A descrição padronizada dessa função e de como surgiu é ainda de W. Bagehot, que acertadamente fala (3,p.142) de "um estado natural de atividade bancária, em que todos os principais bancos mantivessem sua própria reserva".

Poder-se-ia ainda retrucar que os bancos centrais são indispensáveis para assegurar a necessária "elasticidade" da circulação. Muito embora no passado se tenha, provavelmente, abusado dessa expressão, mais do que de qualquer outra para disfarçar as demandas inflacionistas, não devemos pôr de lado a verdade que ela encerra. A maneira pela qual se poderia reconciliar a elasticidade do estoque e a estabilidade do valor do dinheiro constitui um genuíno problema que só será solucionado se o emissor de uma determinada moeda tiver consciência de que o seu negócio depende de regular de tal forma a quantidade de sua moeda, que o valor de sua unidade permaneça estável (em termos de bens). Se um aumento da quantidade conduzisse necessariamente a um aumento de preços, é claro que não seria justificado, por mais que algumas pessoas considerem que precisam urgentemente de mais dinheiro – o qual será, então, dinheiro para gastar e não para ser acrescentado a suas reservas de liquidez. O que torna uma moeda um ativo universalmente aceito, ou seja, realmente líquido, é precisamente o fato de que ela seja preferida em relação a outros haveres, por se esperar que seu poder aquisitivo permaneça constante.

O que é necessariamente escasso não é a liquidez, mas o poder aquisitivo – o poder de comandar bens para consumo ou para uso em mais produção. Esse poder é limitado porque não há mais do que uma quantidade determinada dessas coisas a serem adquiridas. Na medida em que as pessoas desejarem mais ativos líquidos somente para mantê-los como reserva e não para gastá-los, estes poderão ser produzidos sem que, no entanto, seu valor se deprecie. Mas, se as pessoas querem mais ativos líquidos para aquisição de bens, o valor de tais créditos se dissolverá entre seus dedos.

Não fixar taxas de juros

Com os bancos centrais e o monopólio da emissão de moeda, desapareceria também, é claro, a possibilidade de se fixar deliberadamente a taxa de juros. O desaparecimento daquilo que se denomina "política de juros" é absolutamente desejável. A taxa de juros, como qualquer outro preço, deveria registrar os efeitos agregados de milhares de circunstâncias que afetam a demanda e a oferta de empréstimos que não podem, de forma alguma, ser conhecidos somente por um agente. Os efeitos da maior parte das alterações de preços são desagradáveis para algumas pessoas, e, como quaisquer alterações de preços, as alterações na taxa de juros comunicam a todos os interessados que um conjunto de circunstâncias desconhecidas por todos as tornou necessárias. A ideia de que a taxa de juros deveria ser usada como um instrumento de política é inteiramente equivocada, uma vez que somente a competição em um mercado livre pode dar conta de todas as circunstâncias que deveriam ser consideradas na determinação da taxa de juros.

Enquanto cada banco emissor independente tiver como meta, em sua atividade de empréstimo, regular o volume de sua moeda em circulação de forma a manter constante seu poder aquisitivo, a taxa de juros à qual poderia fazê-lo seria determinada para ele pelo mercado. E, no todo, os empréstimos para fins de investimento de todos os bancos juntos, para que não elevassem o nível de preços, não poderiam exceder o volume existente da poupança (e, da mesma forma, para que não comprimissem o nível de preços, não deveriam ficar abaixo do volume existente da poupança) em mais do que o estritamente necessário para aumentar a demanda agregada de acordo com o crescente volume de produção. A taxa de juros seria então determinada pelo equilíbrio da demanda por dinheiro para fins de gastos com a oferta necessária para manter constante o nível de preços. Creio que isso asseguraria, tanto quanto possível, o melhor equilíbrio entre poupança e investimento que podemos esperar atingir, deixando um saldo na variação da quantidade de dinheiro para dar conta das alterações na demanda por dinheiro causadas por mudanças nos saldos que as pessoas desejam manter como reserva.

Naturalmente, o governo ainda poderia influir nessa taxa de mercado através do volume líquido de suas tomadas de empréstimos. Mas não poderia mais pôr em prática manipulações perniciosas da taxa de juros que têm como objetivo capacitá-lo a tomar empréstimos baratos. Os danos que essa prática já causou no passado deveriam constituir motivo mais do que suficiente para manter o governo longe da torneira.

Capítulo 19

Uma Disciplina Melhor do que as Taxas de Câmbio Fixas

Os leitores que conhecem meu constante apoio, durante mais de 40 anos, às taxas de conversão fixas entre as moedas nacionais, e minha crítica aos sistemas de taxas de câmbio internacionais flexíveis[79], até mesmo depois que a maioria de meus colegas defensores de um mercado livre se tivessem convertido a ele, provavelmente sentirão, de início, que minha atual posição contradiz minhas opiniões anteriores, chegando mesmo a representar, em relação a elas, uma total reversão. Não é bem assim. Em dois aspectos minha atual proposta é resultado de um desenvolvimento aprofundado das considerações que determinaram minha posição anterior.

Em primeiro lugar, sempre considerei totalmente indesejável que, a fim de corrigir alguma alteração na oferta ou na demanda de um determinado bem, a estrutura dos preços de bens e serviços de um país fosse elevada ou baixada, como um todo, em relação à estrutura de preços de outros países. Equivocadamente, isso foi considerado necessário principalmente porque a disponibilidade de informações estatísticas, sob a forma de números índices do movimento *médio* dos preços em um país, dava a impressão enganosa de que o "valor interno" de uma moeda precisava ser alterado em relação ao valor de outras moedas, enquanto que o necessário eram, primordialmente, alterações nas relações entre determinados preços em todos os países envolvidos. Na medida em que fosse verdadeira a suposta necessidade de alterações na relação entre os preços vigentes nos países, este era um efeito artificial e indesejável do deficiente sistema financeiro internacional, produzido pelo padrão ouro juntamente com uma superestrutura de moeda escritural. Examinaremos essas questões mais profundamente na próxima seção.

Não proteger da competição a moeda oficial

Em segundo lugar, considerei necessárias as taxas de câmbio fixas pelo mesmo motivo pelo qual agora pleiteio mercados totalmente

[79] A primeira exposição sistemática de minha posição será encontrada em minhas conferências de Genebra sobre o Nacionalismo Monetário e Estabilidade Internacional (27). Foi uma série de conferências escritas de modo apressado e imperfeito sobre um assunto com que me havia comprometido anteriormente, mas sobre o qual precisei escrever quando já me havia voltado para outros problemas. Ainda creio que contenha argumentos importantes, que jamais foram adequadamente respondidos, contra as taxas de câmbio flexíveis entre moedas nacionais, mas não me surpreende que poucas pessoas as tenham lido.

abertos para todos os tipos de moeda: tinha certeza de que eram uma disciplina ou restrição muito necessária sobre as agências emissoras de moeda. Nem eu nem, aparentemente, ninguém mais pensava então na disciplina muito mais eficaz que entraria em funcionamento se os fornecedores de dinheiro perdessem o poder de proteger o dinheiro que emitiam da rivalidade de *moedas concorrentes.*

No passado, a compulsão de manter uma taxa fixa de resgate em termos do ouro ou de outras moedas forneceu a única disciplina que efetivamente impediu que as autoridades monetárias cedessem às exigências da sempre presente demanda por dinheiro barato. O padrão ouro, as taxas fixas de câmbio, ou qualquer outra forma de conversão obrigatória a uma taxa fixa não tinham outro objetivo senão impor essa disciplina aos emissores de dinheiro e, tornando sua regulação automática, privá-los do poder de arbitrariamente alterar a quantidade de dinheiro. É uma disciplina que demonstrou ser demasiado fraca para impedir que os governos a infrinjam. Entretanto, embora as regulações conseguidas através desses controles automáticos estivessem longe de ser ideais, ou sequer toleravelmente satisfatórias, enquanto as moedas foram assim reguladas eram muito mais satisfatórias do que qualquer moeda que os poderes arbitrários dos monopólios governamentais jamais lograram conseguir por qualquer período de tempo. Nada, a não ser a crença de que não cumprir suas obrigações fosse uma desgraça nacional para um país, chegou a ser suficiente para fortalecer a resistência das autoridades monetárias contra pressões em favor de um dinheiro barato. Eu nunca negaria que uma autoridade monetária politicamente independente e muito sábia poderia fazer melhor do que faz quando age com a obrigação de preservar uma paridade fixa em relação ao ouro ou a outra moeda. Mas não vejo esperanças de que as autoridades monetárias da vida real se atenham, por qualquer período de tempo, a suas boas intenções.

Melhor até mesmo que o ouro "A âncora oscilante"

Evidentemente, todos já deveriam ter compreendido que o valor de uma moeda resgatável em ouro (ou em outra moeda) não *deriva* do valor do ouro, mas apenas tem o seu valor mantido pelo do ajuste automático de sua quantidade. As superstições só desaparecem lentamente, mas, até mesmo no caso do padrão ouro, não é mais (talvez seja até menos) verdadeiro que o valor da moeda seja determinado pelo valor de outros usos do ouro que contém (ou por seus custos de produção); antes pelo contrário, ou seja, o valor do ouro é que é determinado pelo valor das moedas em que pode ser convertido. Historicamente é inegável que todo o dinheiro que preservou seu valor durante algum período de tempo era metálico (ou dinheiro conversível em metal – ouro ou prata); e os governos, mais cedo ou mais tarde, se acostumaram a degradar até mesmo o dinheiro metálico, de modo que todos os tipos de papel-moeda que experimentamos foram ainda muito piores. Portanto, atualmente, a maioria das pessoas acredita que só teremos alívio se retornarmos a um padrão metálico (ou de outro bem). Mas o dinheiro metálico também está exposto aos riscos de fraude pelo governo; aliás, até mesmo em sua melhor versão, ele nunca seria tão bom quanto o dinheiro emitido por uma entidade cuja atividade dependesse totalmente de seu sucesso em fornecer um dinheiro que o público preferisse a outros tipos oferecidos por outras entidades. Embora o ouro seja uma âncora – e qualquer âncora seja melhor do que um dinheiro deixado ao livre arbítrio do governo –, é uma âncora muito oscilante. Certamente não aguentaria a tensão se a maioria dos países tentasse manter seu próprio padrão ouro. Simplesmente não há ouro que baste. Um padrão ouro internacional hoje em dia significaria apenas que alguns poucos países manteriam um verdadeiro padrão ouro enquanto os outros se pendurariam neles através de um padrão ouro via câmbio.

A CONCORRÊNCIA GERARIA UM DINHEIRO MELHOR DO QUE O GOVERNO

Acredito que possamos fazer muito melhor do que o ouro jamais o conseguiu. Os governos também não podem fazer melhor. A livre iniciativa, ou seja, as instituições que emergiriam de um processo competitivo pela emissão de um dinheiro bom, sem dúvida o fariam. Nesse caso, também não haveria qualquer necessidade de onerar o fornecimento de moeda com a complicada e cara condição de convertibilidade que seria necessária para assegurar o funcionamento automático do padrão ouro, a qual faz com que o ouro pareça, no mínimo, mais prático do que aquilo que idealmente seria muito mais adequado – um padrão de moeda baseado num conjunto de bens. Um esquema muito atraente para estocar uma grande variedade de matérias-primas e outros bens padronizados poderia ser criado para assegurar a convertibilidade da unidade monetária por um determinado conjunto desses bens e, portanto, a estabilidade da moeda. No entanto, a armazenagem seria tão onerosa – além de só ser exequível para uma pequena coleção de bens – que reduziria o valor da proposta[80]. Mas

[80] Cf. Friedman (19).

alguma precaução deste tipo, para forçar o emissor a regular a quantidade de sua moeda, só parece necessária ou desejável enquanto seus interesses fossem de aumentar ou diminuir seu valor em relação ao padrão estabelecido. É necessário impor a salvaguarda da convertibilidade sobre o *monopolista*, mas é desnecessário fazê-lo em relação a fornecedores *concorrentes* que não podem manter-se no negócio a não ser que forneçam um dinheiro que seja pelo menos tão vantajoso para o usuário quanto qualquer outro.

O DESNECESSÁRIO MONOPÓLIO GOVERNAMENTAL SOBRE O DINHEIRO

Há não muito tempo, em 1960, eu mesmo argumentei que não só é impraticável como é provavelmente indesejável, mesmo que possível, privar os governos de seu controle sobre a política monetária[81]. Essa opinião era ainda baseada na opinião tácita comum de que deve haver em cada país um só tipo uniforme de dinheiro. Nem sequer considerei a possibilidade de verdadeira competição entre moedas dentro de qualquer país ou região determinada. Se apenas um tipo de dinheiro for permitido, será provavelmente verdadeiro que o monopólio de sua emissão deve ficar sob o controle do governo. A circulação simultânea de várias moedas poderia, em determinados momentos, ser ligeiramente inconveniente, mas uma análise cuidadosa de seus efeitos indica que as vantagens parecem ser muito maiores do que as inconveniências, que são praticamente irrelevantes, embora a não familiaridade com a nova situação faça com que pareçam muito maiores do que provavelmente seriam.

DIFERENÇA ENTRE O PAPEL-MOEDA IMPOSTO E O VOLUNTARIAMENTE ACEITO

Embora a experiência histórica pareça justificar a profunda desconfiança que a maioria das pessoas tem em relação ao papel-moeda, essa desconfiança só é bem fundamentada em relação ao dinheiro emitido pelo *governo*. Frequentemente a expressão "*fiat* dinheiro" é usada como se fosse aplicável a qualquer papel-moeda, mas se refere, é claro, apenas ao dinheiro que se torna corrente por um decreto arbitrário ou por outro ato autoritário. O dinheiro que é corrente somente porque as pessoas foram forçadas a aceitá-lo é totalmente diferente do dinheiro que venha a ser aceito porque as pessoas confiam que o

[81] Hayek (29), pp.324 et *seq.*

emissor o manterá estável. Assim sendo, o papel-moeda voluntariamente aceito não deveria sofrer com a má reputação que os governos emprestaram ao papel-moeda.

O dinheiro tem valor porque e enquanto se sabe que é escasso, e, por esse motivo, será provavelmente aceito por outros a seu valor corrente. E qualquer dinheiro que seja voluntariamente usado porque se confia que será mantido escasso pelo emissor, e que será mantido como reserva pelo público somente enquanto o emissor justificar essa confiança, cada vez mais confirmará sua aceitabilidade ao valor estabelecido. O público saberá que o risco que corre ao mantê-lo como reserva será menor do que o risco que corre ao manter como reserva qualquer outro bem a respeito do qual não possua qualquer informação especial. Sua disposição de mantê-lo como reserva será baseada na expectativa de que outras pessoas estejam dispostas a aceitá-lo a uma faixa de preços aproximadamente conhecida, porque elas também aprenderam a manter a mesma expectativa, e assim por diante. Esse é um estado de coisas que se pode manter indefinidamente e que tenderá mesmo a atingir uma estabilidade cada vez maior na medida em que as expectativas aumentem a confiança.

Algumas pessoas aparentemente acham difícil crer que um dinheiro meramente fiduciário que não desse àquele que o mantém como reserva uma base legal para reivindicação por um resgate em termos de algum objeto que possua um valor intrínseco (igual a seu valor corrente) possa ser geralmente aceito por qualquer período de tempo ou preservar seu valor. Parecem esquecer que, nos últimos 40 anos, em todo o Mundo Ocidental, não houve qualquer outro dinheiro a não ser essas moedas fiduciárias irresgatáveis. Os vários papéis-moedas que tivemos de usar preservaram um valor que, por algum tempo, diminuiu apenas lentamente, não devido a qualquer tipo de esperança última de resgate, mas somente porque as agências monopolísticas autorizadas a emitir o tipo exclusivo de moeda de um determinado país restringiram sua quantidade de uma maneira inadequada. Mas a cláusula impressa nas notas de libra dizendo "prometo pagar ao portador, contra a apresentação desta, a quantia de uma libra", ou qualquer que seja a quantia, assinada em nome do governador e do Banco da Inglaterra por seu Tesoureiro Chefe, naturalmente significa apenas que prometem trocar àquele pedaço de papel por outros pedaços de papel.

Fica inteiramente ao arbítrio daquelas instituições ou governos regular o valor total de suas emissões em circulação pela troca de algumas das notas por outros tipos de dinheiro ou por títulos. Esse tipo de resgate é apenas um método de regular a quantidade de dinheiro nas mãos do público, e, enquanto a opinião pública não foi enganada por teorias capciosas, foi sempre tomado como ponto pacífico que, por exemplo, "o valor das *greenbacks*[82] muda quando o governo decide expandir ou contrair a emissão"[83].

A história certamente contradiz a presunção de que o governo, que é quem mais se beneficia das emissões excessivas, merece maior confiança do que um emissor privado que não abuse dessa confiança. Será que alguém crê, realmente, que nos países industriais do Ocidente, após a experiência do último meio século, alguém possa confiar mais no valor do dinheiro patrocinado pelo governo do que confiaria em dinheiro emitido por uma entidade privada, sabendo-se que suas atividades dependem totalmente de que emita um dinheiro bom?

---

[82] NT. *Greenbacks:* nos EE.UU., notas, papel-moeda, pois as notas de dólar são todas verdes.

[83] W. Bagehot (3), p.12.

Capítulo 20

Deveria Haver Áreas Separadas de Moeda?

Estamos tão acostumados com a existência de uma moeda distinta para cada país, no qual são realizadas praticamente todas as transações internas, que tendemos também a encarar como natural e necessário que toda a estrutura interna de preços se movimente em conjunto, de acordo com a estrutura de preços de outros países. Este estado de coisas não é, de modo algum, necessário, natural ou desejável.

As moedas nacionais não são inevitáveis ou desejáveis

Pelo menos na ausência de tarifas ou de outros obstáculos ao livre movimento de bens e pessoas através das fronteiras, a tendência dos preços internos a se moverem em uníssono é um *efeito* da manutenção de sistemas monetários nacionais independentes (e não uma justificativa para sua existência). E isto levou à proliferação de instituições nacionais, tais como os sistemas de acordos coletivos em escala nacional, que intensificaram essas diferenças. O motivo para esse desenvolvimento é que o controle sobre a moeda dá aos governos nacionais mais poder para agir de forma totalmente indesejável do ponto de vista da ordem e da estabilidade internacionais. É o tipo de arranjo que só pode ser aprovado por *étatistes*[84] de várias tendências, mas que é totalmente hostil às relações internacionais sem atritos.

Há realmente poucos motivos, com exceção dos efeitos de monopólios que só existem por gozarem de uma proteção nacional, para que territórios que estejam sob o mesmo governo constituam áreas econômicas nacionais distintas, que se beneficiariam por ter em comum uma moeda diferente das moedas de outras regiões. Quando a ordem mundial era muito dependente do intercâmbio internacional, era um tanto absurdo considerar como área econômica distinta um aglomerado, quase sempre acidental, de regiões diversas sob um mesmo governo. Contudo, foi só ultimamente que alguns economistas, tendo

[84] NT. Em francês no original: "estatizantes".

aceitado este fato, fizeram uma pergunta que acharam difícil de responder: o que seria desejável como área de mesma moeda?[85]

Enquanto, de um ponto de vista histórico, as diferentes moedas nacionais serviram apenas para reafirmar o poder dos governos nacionais, a argumentação moderna em favor do nacionalismo monetário defende um sistema no qual *todos* os preços de uma região possam ser simultaneamente elevados ou baixados em *relação* a *todos* os preços de outras regiões. Julga-se que isso seja vantajoso, por evitar a necessidade de se baixar um determinado grupo de preços, especialmente os salários, quando diminuir a demanda externa pelos produtos de uma região, passando para produtos de alguma outra região nacional. Isso, porém, constitui-se em um artifício político; na prática significa que, ao invés de se baixarem aqueles *poucos* preços diretamente afetados, um número muito *maior* de preços terá que ser aumentado a fim de restaurar o equilíbrio internacional após a redução no preço internacional da moeda local. O motivo original para as pressões a favor de taxas flexíveis de câmbio entre moedas nacionais foi, portanto, tão somente inflacionário, embora tenha sido feita uma tentativa insensata de colocar o ônus do ajuste nos países com superávit cambial. Mais tarde, os países que desejavam proteger-se contra os efeitos das políticas inflacionistas de outros também adotaram essa medida.

As razões que existem para se impedir a diminuição da quantidade de dinheiro que circula numa região ou setor de uma comunidade mais ampla não são maiores do que as que existem em favor de medidas governamentais para impedir uma diminuição das rendas monetárias de indivíduos ou grupos – mesmo que tais medidas possam temporariamente atenuar as privações dos grupos que vivem nessa região ou setor. Chega a ser essencial para um governo honesto o fato de que ninguém tenha o poder de isentar grupos da necessidade de ter de se adaptar a mudanças imprevistas, pois, se o governo puder fazê-lo, será forçado, pela necessidade política, a fazê-lo todo o tempo.

Rigidez de preços e salários: elevar a estrutura nacional de preços não é a solução

A experiência demonstra que a maneira que se acreditava ser a mais fácil para se ficar livre de dificuldades criadas pela rigidez de salários – aumentar *todo* o nível nacional de preços – acaba, na verdade, tornando as coisas piores, uma vez que, efetivamente, além de

[85] Mc Kinnon (40) e Mundell (49).

eximir os sindicatos de trabalhadores da responsabilidade pelo desemprego – que seria, de outra forma, causado por suas exigências salariais –, cria uma irresistível pressão sobre os governos para que mitiguem esses efeitos através da inflação. Permaneço, portanto, tão contrário ao nacionalismo monetário[86] ou às taxas de câmbio flexíveis entre moedas nacionais quanto sempre fui, muito embora, neste momento, eu já prefira abolir inteiramente as fronteiras monetárias a simplesmente tornar as moedas nacionais conversíveis uma na outra a uma taxa fixa. Qualquer ideia de isolar um determinado setor da estrutura internacional de preços e elevá-lo ou baixá-lo à força em relação a todos os outros preços dos mesmos bens ainda me parece uma ideia que só poderia ter sido concebida por indivíduos que pensam exclusivamente em termos de níveis de preços nacionais ("macro"), e não em termos de preços individuais ("micro"). Esses indivíduos parecem considerar os níveis nacionais de preços como os agentes determinantes da ação humana, deixando de compreender a função dos preços relativos.

Um nível de preços nacionais estável poderia perturbar a atividade econômica

Não há realmente motivo para que devamos querer que uma região inter-relacionada com o resto da economia mundial por um grande fluxo de bens tenha um nível de preços estável. Manter estável esse nível de preços, apesar de alterações de demanda a favor ou contra essa região, somente perturba o funcionamento do mercado; não auxilia absolutamente. Nesse aspecto, a relação entre as regiões ou localidades não é essencialmente diversa das relações entre países. A transferência de demanda de aviões de Seattle para Los Angeles realmente acarretará uma perda de empregos e uma queda dos rendimentos e provavelmente de preços no varejo em Seattle. Por outro lado, uma queda de salários em Seattle provavelmente atrairá outras indústrias. Mas de nada adiantaria, a não ser momentaneamente, aumentar a quantidade de dinheiro em Seattle ou no estado de Washington. E o problema não seria menor se todo o noroeste dos Estados Unidos tivesse uma moeda própria, podendo mantê-la constante ou até mesmo aumentá-la com o objetivo de reduzir o infortúnio de alguns de seus habitantes.

Mas, embora não tenhamos motivos para desejar que áreas particulares tenham suas moedas individuais, é, obviamente, uma questão

---

[86] A origem histórica da preocupação com os níveis nacionais de preços, bem como outros aspectos do *Nacionalismo Monetário,* foram discutidos em meu livro com esse título (27), em especial na p.43.

totalmente diversa discutir se a livre emissão de moedas concorrentes em cada área levaria à formação de áreas de moeda – ou melhor, de áreas onde diferentes moedas predominassem, embora outras pudessem ser usadas. Como vimos (Seção XII), diferentes preferências poderiam desenvolver-se quanto ao bem em relação ao qual a moeda deveria ser mantida constante. Num país primitivo, onde o povo usasse poucas coisas além de arroz, peixe, carne de porco, algodão e madeira, a preocupação maior das pessoas estaria relacionada com os preços dessas mercadorias – embora tendências locais desse tipo fossem provavelmente contrabalançadas pela tendência dos usuários preferirem, por inspirar maior confiança, um emissor de moeda de reputação internacional em vez de alguém que adaptasse sua moeda especialmente às circunstâncias locais. Eu também não ficaria surpreso de descobrir que, em grandes áreas, habitualmente só fosse usada uma moeda nas transações ordinárias, desde que a competição potencial fizesse com que seu emissor a mantivesse estável. Como em toda parte, enquanto não se tratar de experimentar inovações ou melhorias, a competição *in posse* provavelmente será quase tão eficaz quanto a competição *in esse*[87]. E a pronta convertibilidade da moeda geralmente usada faria com que todos aqueles que tivessem algum trânsito fora da região trocassem rapidamente sua moeda por outra, logo que começassem a suspeitar dela.

Áreas em que predominasse uma moeda não teriam, no entanto, limites distintos ou fixos, mas, de modo geral, se sobreporiam umas às outras, e suas linhas divisórias seriam flutuantes. Mas o princípio geral, uma vez que fosse aceito nos países economicamente dominantes, provavelmente se difundiria rapidamente para qualquer lugar em que as pessoas pudessem escolher suas instituições. Sem dúvida, restariam enclaves sob ditadores que não quereriam abandonar seu poder sobre o dinheiro, mesmo depois que a ausência de controle sobre o câmbio se tenha tornado a marca de um país civilizado e honesto.

[87] *In posse:* potencial; in *esse:* em estado. – ED.

Capítulo 21

Os Efeitos Sobre as Finanças e os Gastos Governamentais

Administrar as finanças públicas e regulamentar uma moeda satisfatoriamente são dois objetivos inteiramente diferentes que, em grande parte, estão em conflito um com o outro. Consequentemente, o fato de se colocarem as duas tarefas nas mãos do mesmo órgão levou sempre a uma grande confusão, cujas consequências têm sido desastrosas: não só faz do dinheiro a principal causa das flutuações econômicas, como também facilitou enormemente o crescimento incontrolável dos gastos públicos. Se queremos preservar uma economia de mercado que funcione (e com ela a liberdade individual), *não há nada mais urgente do que dissolver o casamento ilegítimo entre as políticas fiscais e monetárias,* casamento este que, se foi clandestino durante muito tempo, acabou sendo consagrado com a vitória da economia "keynesiana".

Não é preciso dizer muito mais a respeito dos desastrosos efeitos das "necessidades" das finanças públicas sobre o estoque de moeda. Todas as grandes inflações, até hoje, não foram apenas uma consequência de os governos satisfazerem suas "necessidades" financeiras através da impressão de papel-moeda. Mesmo durante períodos relativamente estáveis, a habitual necessidade de que os bancos centrais atendessem às "necessidades" financeiras do governo, mantendo baixas as taxas de juros, tem sido um permanente estorvo: interfere nos esforços que os bancos fazem para assegurar estabilidade e dá às suas políticas um caráter inflacionário que geralmente só é refreado, tardiamente, através do mecanismo do padrão ouro.

Um dinheiro nacional bom é impossível sob governos democráticos que dependam de interesses específicos

Não creio que seja exagero afirmar que é totalmente impossível que um banco central sujeito a controle político ou mesmo exposto a fortes pressões políticas possa regular a quantidade de dinheiro de maneira a possibilitar o funcionamento adequado de uma ordem de mercado. Um dinheiro bom, tal como as boas leis, deve funcionar sem levar em consideração os efeitos que as decisões do emissor terão sobre grupos ou indivíduos conhecidos, É concebível que um ditador benevolente possa não fazer caso desses efeitos; mas um governo democrático que dependa de vários interesses específicos não poderá desprezá-los. Todavia, usar o controle do estoque de moeda como um instrumento para atingir fins particulares destrói a função ajustadora do mecanismo de preços, que é essencial para manter o constante processo de ordenação do mercado que proporciona aos indivíduos uma boa chance de realizar suas expectativas.

O monopólio governamental sobre o dinheiro e os gastos do governo

Provavelmente já falamos bastante sobre o mal que decerto causará uma política monetária guiada por considerações financeiras. Agora, é preciso avaliar o efeito que o poder sobre o estoque de moeda tem provocado sobre a política financeira. Assim como a ausência de competição impediu que o fornecedor monopolista de dinheiro fosse submetido a uma disciplina salutar, o poder sobre o dinheiro também isentou os governos da necessidade de manter seus gastos dentro do limite de sua receita. É por esse motivo, em grande parte, que a economia "keynesiana" rapidamente tornou-se popular entre os economistas socialistas. De fato, uma vez que os economistas disseram aos ministros das finanças que ter um déficit era um ato meritório, e até mesmo que, enquanto houvesse recursos disponíveis, os gastos extraordinários do governo nada custariam ao povo, foram eliminados todos os obstáculos efetivos que se antepunham ao rápido aumento dos gastos do governo.

Não há dúvida de que foi o controle governamental sobre a emissão de moeda que propiciou o espetacular aumento nos gastos do governo nos últimos 30 anos, que em alguns países do mundo ocidental atinge mais da metade da renda nacional. Por um lado, a inflação, ao deslocar constantemente as pessoas que têm uma determinada renda real para faixas de tributação muito mais altas do que se imaginava quando se estabeleceu o imposto, aumenta, com mais rapidez do que se pretendia, as receitas do governo. Por outro lado, os déficits habitualmente grandes e a relativa facilidade com que os orçamentos podem ser excedidos aumentam ainda mais a fatia da produção real que os governos podem reivindicar em nome de seus propósitos.

Dinheiro do governo e orçamentos desequilibrados

Num certo sentido, é arbitrário exigir que os governos equilibrem seus orçamentos dentro do ano civil. Mas a alternação das estações e as práticas contábeis já firmemente estabelecidas fornecem um bom motivo para que seja assim. Por outro lado, a prática comercial de apresentar balanços de receitas e despesas, abrangendo períodos regulares cujas flutuações são conhecidas, dão maior força a esse costume. Considerando-se que as principais flutuações econômicas podem ser evitadas por meio de outras providências, o período convencional de um ano continua a ser o melhor espaço de tempo para se exigir esse balanço orçamentário. Tomando-se como verdadeiro que a regulação do estoque de moeda pela competição entre moedas particulares asseguraria não somente um valor estável para o dinheiro, mas também condições estáveis para as transações comerciais, o argumento de que os déficits orçamentários do governo são necessários para diminuir o desemprego fica reduzido à afirmação de que deve haver o controle governamental do dinheiro para curar aquilo que ele mesmo está causando. Quando se tem uma moeda estável, não há um motivo sequer que torne desejável permitir ao governo gastar mais do que tem. E zelar para que os gastos do governo não sejam uma causa de instabilidade geral é certamente mais importante do que manter o inepto aparato governamental disponível para atenuar qualquer retração da atividade econômica, mesmo que se considere a hipótese extremamente improvável de que ele chegue a atuar em tempo.

A facilidade com que um ministro das finanças pode, atualmente, fazer um orçamento em que a despesa seja maior que a receita e, ainda assim, exceder a previsão da despesa criou um estilo de finanças totalmente novo em relação à cuidadosa economia doméstica do passado. E, na medida em que a facilidade com que são satisfeitas demandas após demandas cria expectativas de uma liberalidade cada vez maior, o processo passa a se autoacelerar e mesmo aqueles que de fato desejam evitá-lo não conseguem detê-lo. Quem conhece a dificuldade de se refrear a constante expansão de um aparato burocrático, que não seja controlado por considerações de lucros e perdas, sabe também que, sem a rígida barreira representada por fundos rigorosamente limitados, não há nada que detenha um crescimento indefinido dos gastos do governo.

A não ser que seja restabelecida uma situação em que os governos (e outras autoridades públicas) saibam que, se gastarem demais, não serão, como ocorre com qualquer outra pessoa, capazes de cumprir suas obrigações financeiras, não haverá meios de deter esse crescimento que, substituindo a atividade privada pela coletiva, ameaça sufocar a iniciativa individual. Sob a forma atual de democracia ilimitada, o governo, que tem o poder de conceder benefícios materiais especiais a determinados grupos, é forçado a comprar o apoio de um número suficiente de indivíduos para conseguir manter uma maioria.

Mesmo com a maior boa-vontade do mundo, nenhum governo pode resistir a essa pressão, a não ser que encontre uma firme barreira que não possa cruzar. Embora seja óbvio que os governos serão ocasionalmente forçados a tomar empréstimos do público para atender a exigências inesperadas, ou que decidirão utilizar esse método para financiar alguns investimentos, é altamente indesejável, em qualquer circunstância, que esses fundos sejam obtidos através da emissão de mais dinheiro. Tampouco é desejável que aqueles acréscimos à quantidade total de dinheiro que numa economia crescente são necessários para atender às necessidades de caixa dos fornecedores de fatores adicionais de produção sejam colocados em circulação dessa maneira.

O PODER DO GOVERNO SOBRE O DINHEIRO FACILITA A CENTRALIZAÇÃO

Por outro lado, também não restam muitas dúvidas de que o fato de os governos centrais poderem recorrer a esse tipo de procedimento – emissão de moeda – é uma das causas mais fortes do avanço da indesejável centralização do governo. Nada poderia ser melhor do que retirar do governo seu poder sobre o dinheiro e, portanto, deter a aparentemente irresistível tendência em direção ao aumento acelerado da parcela da renda nacional que o governo pode reivindicar. Se permitirmos que essa tendência permaneça, em poucos anos ela nos conduzirá a um estado em que os governos reivindicarão 100 por cento de todos os recursos (na Suécia e Grã-Bretanha já se ultrapassam os 60 por cento) – e, consequentemente, se tornarão literalmente "totalitários"[88]. Quanto mais completamente as finanças públicas puderem ser separadas da regulação da circulação monetária, melhor será. É um poder que sempre foi prejudicial. Seu emprego em objetivos financeiros traduz-se sempre em abuso. E o governo não tem nem o *interesse* nem a *capacidade* de exercê-lo da forma necessária a assegurar o fluxo homogêneo da produção econômica.

Quando se sugeriu, aqui, privar o governo do monopólio da emissão de moeda e de seu poder de transformar qualquer dinheiro em "moeda de curso legal" – capaz, portanto de resgatar qualquer débito existente – foi, em primeiro lugar, porque os governos têm, de maneira invariável e inevitável, abusado excessivamente daquele poder, através de toda a história, perturbando assim, gravemente, o

[88] Uma característica alarmante, cujo perigo não é ainda suficientemente compreendido, é a tendência muito difundida de se considerar uma pensão do governo como a *única* previdência digna de confiança para o futuro do indivíduo na velhice, uma vez que a experiência parece demonstrar que a conveniência política forçará os governos a manter ou até mesmo a aumentar o valor real dessa pensão.

mecanismo autorregulador do mercado. Mas é possível que afastar o governo da fonte que lhe fornece dinheiro adicional para seu uso seja tão importante para deter a tendência inerente ao governo ilimitado de crescer indefinidamente – o que se está tornando ameaçador para o futuro da civilização – quanto a má qualidade do dinheiro que fornece. Somente se as pessoas forem levadas a perceber que pagam – sob a forma de impostos mal disfarçados (ou de empréstimos voluntários) – todo o dinheiro que o governo gasta, poderá ter fim o processo de compra do apoio da maioria através da concessão de benefícios especiais a números cada vez maiores de indivíduos com interesses particulares.

Capítulo 22

Problemas de Transição

Para a grande maioria das pessoas, o aparecimento de várias moedas concorrentes traria como novidade apenas a possibilidade de fazer uma escolha, mas não tornaria necessária qualquer mudança em sua maneira habitual de usar o dinheiro. Gradualmente, a experiência lhes ensinaria como melhorar sua posição, escolhendo outros tipos de dinheiro. Os bancos logo ofereceriam aos comerciantes varejistas o equipamento de cálculo apropriado que eliminaria quaisquer dificuldades administrativas ou contábeis iniciais. Como o emissor da moeda que eles usassem teria todo interesse em dar-lhes assistência, é provável que logo descobrissem que estavam sendo melhor servidos do que antes. Nos setores de indústria, comércio e serviços poderia haver um aprendizado mais lento no sentido de tirar todas as vantagens das novas oportunidades, mas não haveria, na condução dos negócios, necessidade de mudanças radicais nem de adaptações extremamente complicadas.

Impedindo a rápida depreciação de uma moeda anteriormente exclusiva

As duas atividades que seriam mais profundamente afetadas e para as quais se faria obrigatória uma mudança quase completa em relação às práticas e rotinas habituais seriam as finanças públicas e todo o setor financeiro privado, compreendendo a atividade bancária, de seguros, sociedades imobiliárias, bem como as sociedades de poupança e empréstimo. Quanto ao governo, além das mudanças na política financeira mencionada na Seção XXI, sua principal tarefa seria a de precaver-se contra uma rápida substituição da moeda emitida pelo banco central existente e sua consequente depreciação acelerada. Decerto, isso só poderia ser conseguido através da imediata concessão de total liberdade e independência a esse banco central – que seria posto em igualdade de condições com todos os bancos emissores, fossem os estrangeiros, fossem os recém-criados no país – e através do retorno simultâneo à política de orçamentos equilibrados, limitados apenas pela possibilidade de tomar empréstimos num mercado aberto, que eles não pudessem manipular, A urgência dessas medidas deriva do fato de que o processo de substituição da moeda, até agora exclusiva, por novas moedas, tão logo tivesse início, seria imediatamente acelerado por uma veloz depreciação praticamente impossível de se deter por meio de qualquer um dos métodos comuns de contração da circulação. Nem o governo nem os antigos bancos centrais teriam reservas suficientes de outras moedas ou de ouro para resgatar todo o dinheiro antigo do qual o público quereria livrar-se assim que pudesse mudar de uma moeda em rápida depreciação para uma outra em cuja estabilidade ele tivesse bons motivos para acreditar. O público só poderia ser levado a confiar em tal moeda se o banco emitente demonstrasse uma capacidade de regulá-la exatamente da mesma maneira que os novos bancos emissores com os quais iria competir.

Introduzir as novas moedas de uma só vez, não aos poucos

A outra exigência crucial para a ação do governo – quando se deseja que a transição para a nova ordem seja bem sucedida – é a de que todas as liberdades necessárias sejam concedidas de imediato, e não que se faça apenas uma tentativa tímida e hesitante de introduzir gradualmente a nova ordem, ou de reservar poderes de controle "caso algo saia errado". A possibilidade de livre competição entre uma multiplicidade de instituições emitentes e a completa liberdade de todos os movimentos de moeda e capital através das fronteiras são igualmente essenciais para o sucesso do esquema. Qualquer abordagem hesitante, que se caracterize por um relaxamento gradual do monopólio existente da emissão, certamente levaria ao fracasso. As pessoas só aprenderiam a confiar no novo dinheiro se acreditassem que ele fosse completamente isento de qualquer controle do governo. Somente se estiverem sob o rígido controle da competição é que se pode confiar em que bancos privados manterão seu dinheiro estável. Somente se as pessoas tiverem liberdade de escolher que moeda usar para atingir seus diferentes fins, o processo de seleção fará prevalecer o dinheiro bom. Somente se houver um ativo comércio na bolsa de moedas, estarão os bancos emitentes vigilantes para tomar, a tempo, as providências que se fizessem necessárias. Somente se as fronteiras estiverem abertas ao movimento de moeda e capital, poderá haver segurança de que não existe conluio entre as instituições locais para malbaratar a moeda local. E, somente se houver mercados livres, é que a estabilidade da média dos preços significará que o processo de adaptação da oferta à demanda estava começando a funcionar.

Mudança da política dos bancos comerciais

Se o governo tivesse sucesso em passar a emissão de dinheiro a instituições privadas sem que a moeda existente entrasse em colapso, o principal problema para os bancos comerciais individuais seria o de decidir se deveriam tentar estabelecer sua própria moeda, ou se deveriam escolher outra moeda ou moedas, com as quais pudessem conduzir seus negócios no futuro. É óbvio que a grande maioria teria de se contentar em realizar seus negócios em outras moedas. Deste modo, precisariam (Seções XI e XII) praticar um tipo de "atividade bancária a 100 por cento", e manter reservas suficientes para cobrir todas as suas obrigações pagáveis à vista.

Esta seria, provavelmente, a mudança, provocada pela utilização de moedas concorrentes, que maiores consequências produziria nas práticas comerciais. Como esses bancos presumivelmente teriam de cobrar caro pela administração de contas correntes, perderiam grande parte dessa atividade para os bancos emitentes e teriam suas atividades reduzidas à administração de ativos de natureza menos líquida.

Essa alteração, enquanto pudesse ser efetuada a partir de uma transição deliberada para o uso de uma moeda da livre escolha dos bancos, poderia ser dolorosa, mas não criaria problemas insolúveis. Eliminar os bancos que, na prática, criam moeda sem assumir nenhuma responsabilidade pelas consequências tem sido, há mais de cem anos, o anseio de economistas que perceberam a inerente instabilidade do mecanismo no qual nos enredamos, mas que geralmente perderam a esperança de poder sair dele. Uma instituição que tenha demonstrado ser tão perniciosa como o sistema bancário de reservas fracionárias, sem responsabilidade dos bancos individuais pelo dinheiro (ou seja, depósitos à vista) que criam, não pode reclamar caso lhes seja retirado o apoio de um monopólio governamental que tornou possível sua existência. Faz-se necessário, certamente, estabelecer uma distinção muito nítida entre a atividade bancária em si e os negócios de investimento, ou seja, entre os bancos conhecidos como do tipo Inglês e os do tipo Continental (*Depositenbanken* e *Spekulationsbanken*, como eram, numa época, denominados em alemão). Espero que se descubra logo que a atividade de criar dinheiro não se coaduna com o controle de grandes carteiras de investimentos ou mesmo com o controle de grandes empresas industriais.

Surgiria um tipo totalmente diverso de dificuldade se o governo ou seu banco privilegiado não tivesse sucesso em evitar o colapso de sua moeda. Essa seria uma possibilidade que os bancos incapazes de emitir sua própria moeda teriam razão de temer, pois uma grande parte de seus ativos – ou seja, seus empréstimos – sumiria juntamente com a maior parte de seu passivo. Mas isso significaria apenas que o perigo de uma grande inflação – [do tipo da que hoje constitui uma ameaça constante e que outros talvez evitassem pela adoção de outras moedas] – seria, para eles, particularmente ameaçador. Mas os bancos geralmente alegam que têm sido mais ou menos bem sucedidos em salvar seu patrimônio através até de uma inflação galopante. Os banqueiros que não sabem como fazê-lo podem talvez consultar seus colegas do Chile ou de outros locais onde já se teve bastante experiência com esse problema. De qualquer modo, livrar-se da atual estrutura instável é uma tarefa demasiadamente importante para ser sacrificada aos interesses de grupos específicos.

Capítulo 23

Proteção Contra o Estado

Embora sob o esquema proposto o fornecimento normal de dinheiro ficasse inteiramente a cargo da empresa privada, o principal entrave ao bom funcionamento do sistema ainda seria a interferência do estado[89]. Embora o caráter internacional da atividade de emissão de moeda já representasse uma proteção dos bancos emitentes contra pressões políticas diretas (mesmo isso se prestando a ataques demagógicos), a confiança em qualquer instituição dependeria sobretudo da confiança no governo ao qual estivesse subordinada. Para que não houvesse suspeita de que os bancos estariam servindo aos interesses políticos do país em que estivessem estabelecidos, seria evidentemente muito importante que os bancos com sede em diferentes países competissem uns com os outros. A maior confiança, pelo menos enquanto houvesse expectativa de paz, seria provavelmente dada a instituições estabelecidas em pequenos países ricos para os quais os negócios internacionais fossem uma importante fonte de renda e dos quais, portanto, se pudesse esperar que zelassem cuidadosamente por sua reputação de solidez financeira.

Pressões para o retorno a monopólios monetários nacionais

Muitos países provavelmente tentariam, através de subsídios ou medidas semelhantes, preservar um banco local que emitisse uma moeda nacional própria, que circularia lado a lado com as moedas internacionais, mesmo que seu sucesso fosse apenas moderado. Haveria, então, algum perigo de que forças nacionalistas e socialistas envolvidas numa tola agitação contra empresas multinacionais fizesse com que os governos, através das vantagens concedidas à instituição nacional, causassem um gradual retorno ao presente sistema de emissores privilegiados de moeda nacional.

[89] Emprego aqui o termo "estado" porque é a expressão que, nesse contexto, seria comumente empregada pela maioria das pessoas que desejassem enfatizar a probabilidade da natureza benéfica dessas atividades públicas. A maior parte das pessoas logo se dá conta dá natureza idealista e irreal de seu argumento quando lhes é mostrado que o agente que atua não é jamais um estado abstrato, mas sempre um governo muito concreto, com todos os defeitos necessariamente inerentes a esse tipo de instituição política.

Recorrência do controle governamental da moeda e dos movimentos de capital

O maior perigo, no entanto, viria das repetidas tentativas dos governos de controlar os movimentos internacionais de moeda e capital. É um poder que, atualmente, é a mais séria ameaça não somente ao funcionamento de uma economia mundial, mas também à liberdade pessoal; e continuará a ser uma ameaça enquanto os governos tiverem o poder físico de impor esses controles. Espera-se que as pessoas gradualmente reconheçam essa ameaça contra sua liberdade pessoal e que tornem a proibição total dessas medidas um dispositivo constitucional permanente. A proteção maior contra a tirania do governo está na possibilidade de um grande número de pessoas capazes emigrarem quando não mais suportarem essa dominação. Creio que serão poucos os ingleses, cuja maioria considerou a afirmação que agora repito desnecessariamente alarmista e exagerada quando a publiquei há mais de 30 anos, que ainda pensarão assim.

"O grau de controle sobre a vida que o controle econômico proporciona tem seu melhor exemplo na área cambial. À primeira vista, nada pareceria afetar menos a vida privada do que o controle estatal das operações de câmbio exterior, e a maioria das pessoas será totalmente indiferente a essa intromissão. No entanto, a experiência da maior parte dos países continentais ensinou às pessoas que refletem sobre o tema a considerar esse passo como avanço decisivo no caminho para o totalitarismo e para a supressão da liberdade individual. O controle estatal das operações de câmbio exterior representa, de fato, a entrega completa do indivíduo à tirania do estado, a supressão final de todos os meios de fuga – não só para os ricos, mas para todos. Uma vez que o indivíduo não tenha mais liberdade de viajar, não tenha mais liberdade de adquirir livros ou jornais estrangeiros, uma vez que todo contato com o estrangeiro só possa ser feito por aqueles a quem a opinião oficial aprova e apenas no momento em que o governo ache necessário esse contato, o controle real da opinião é muito maior do que o que jamais foi exercido por qualquer um dos governos absolutistas dos séculos XVII e XVIII"[90].

Além de limitar o crescimento excessivo dos gastos do governo, uma segunda contribuição fundamental à proteção da liberdade individual que estaria assegurada pela abolição do monopólio governamental da emissão de dinheiro seria provavelmente o entrelaçamento dos assuntos internacionais. Sem dúvida, ao tornar cada vez menos

[90] Hayek (28), p.69, nota.

possível o controle dos movimentos internacionais, por parte dos governos, estaria salvaguardada a possibilidade de os dissidentes escaparem da opressão de um governo do qual discordassem profundamente.

Capítulo 24

As Perspectivas a Longo Prazo

Podemos acalentar o sonho de que, como sempre, a competição leve a descobertas de possibilidades até agora insuspeitadas sobre a moeda. Isso torna excessivamente perigosa qualquer tentativa de prever os efeitos a longo prazo da reforma proposta, mas tentaremos fazer um breve resumo dos prováveis desenvolvimentos a longo prazo dessa reforma se ela viesse a ser adotada.

Creio que, tão logo o sistema se tivesse estabelecido totalmente, e a competição tivesse eliminado vários empreendimentos mal sucedidos, restariam, no mundo livre, várias moedas amplamente usadas e muito semelhantes. Em várias grandes regiões, uma ou duas delas seriam dominantes, mas essas regiões não teriam fronteiras nítidas ou constantes, e o uso das moedas nelas dominantes se transpassaria ao longo de amplas e flutuantes regiões de fronteira. A maior parte dessas moedas, baseadas em coleções semelhantes de bens, oscilaria muito pouco em termos umas das outras a curto prazo, provavelmente muito menos do que acontece com as moedas dos países mais estáveis de hoje e, no entanto, um pouco mais do que ocorre com as moedas baseadas num verdadeiro padrão ouro. Se a composição da cesta de bens sobre a qual se baseiam fosse adaptada às condições da região em que são principalmente usadas, poderiam flutuar à parte. Mas a maioria delas estaria *concorrendo* não só no sentido de coexistirem lado a lado, mas também no sentido de ajustarem entre si as mudanças dos seus valores.

Após o processo experimental de encontrar a coleção preferida de bens a cujo preço a moeda deve ser associada, mudanças posteriores seriam provavelmente raras e de menor importância. A competição entre os bancos emitentes se concentraria em evitar até mesmo as pequenas flutuações de seu valor em termos desses bens, em fornecer o mais elevado grau de informação sobre suas atividades, em oferecer a seus clientes os mais variados serviços (tal como assistência contábil). Os próprios bancos governamentais que sobrevivessem seriam, eles mesmos, levados a acertar, cada vez mais, e até a desejar pagamentos em outras moedas que não as emitidas por uma instituição nacional favorecida.

A possibilidade de uma multiplicidade de moedas semelhantes

Há, porém, uma possibilidade, ou mesmo probabilidade, que não considerei na Primeira Edição. Após certas moedas baseadas numa determinada cesta de bens se terem tornado amplamente aceitas, muitos outros bancos poderiam emitir, sob nomes diferentes, moedas cujo valor fosse baseado na mesma coleção de bens de uma moeda já bem sucedida, naquela mesma unidade ou em unidades maiores ou menores. Em outras palavras, a competição poderia levar ao uso difundido da mesma base de bens por um grande número de bancos emitentes que ainda competiriam pelo interesse do público através da constância do valor de suas emissões ou de outros serviços que ofereçam. O público pode então aprender a aceitar um considerável número de tais moedas com nomes diferentes (mas todos descritos como, digamos, "Padrão Zurique") a taxas de câmbio constantes; e as lojas poderiam exibir listas das moedas que estivessem dispostas a aceitar como representativas daquele padrão. Enquanto a imprensa exercesse sua função supervisória e alertasse o público, a tempo, de qualquer negligência do dever por parte de alguns emitentes, tal sistema poderia funcionar satisfatoriamente, por muito tempo.

Considerações de conveniência provavelmente também levariam à adoção de uma unidade padrão, isto é, que fosse baseada não somente na mesma coleção de bens, mas também numa mesma magnitude. Nesse caso, a maioria dos bancos emitiria, sob nomes distintos, notas para essas unidades padrão que seriam imediatamente aceitas localmente até o limite da reputação de cada um dos bancos.

A PRESERVAÇÃO DE UM PADRÃO DE DÍVIDAS A LONGO PRAZO MESMO ENQUANTO AS MOEDAS POSSAM PERDER SEU VALOR

Com a disponibilidade de pelo menos algumas moedas estáveis, deverá desaparecer a prática absurda de fazer com que a "moeda de curso legal", depois de perder o seu valor e se tornar meramente um símbolo, continue a ser usada para o resgate de dívidas contraídas no tempo em que essa moeda tivesse tido um certo valor. Foi somente o poder do governo de forçar as pessoas a aceitar aquilo que não era a intenção dos seus contratos que gerou esse absurdo. Com a abolição do monopólio governamental da emissão de moeda, os tribunais logo compreenderiam – e creio que também as leis oriundas do legislativo reconheceriam – que a verdadeira justiça significa fazer com que as dívidas sejam saldadas em termos das unidades de valor que as partes do contrato tinham em mente e não daquilo que o governo diz que serve de substituto para elas. (A exceção é aquela em que o contrato explicitamente prevê um determinado número de símbolos e não um valor expresso em termos de uma quantidade de símbolos.).

Com o aperfeiçoamento de um padrão de valor, de aceitação geral, os tribunais não teriam, na maioria dos casos, dificuldades para determinar a magnitude aproximada do valor abstrato que as partes tinham em mente num contrato cujo valor fosse expresso por uma certa quantia de uma moeda amplamente aceita. Se uma moeda que serviu de base a um contrato se depreciasse gravemente – além de um limite razoável de flutuação – um tribunal não permitiria que as partes ganhassem ou perdessem devido à imperícia da terceira parte que emitiu a moeda. Seriam, sem dificuldade, capazes de determinar a quantidade de uma outra moeda, ou moedas, com a qual o devedor tivesse o direito e o dever de saldar seus compromissos.

Em consequência, até o colapso total de uma moeda não teria consequências tão vastas e tão desastrosas como a que um evento similar tem hoje. Embora os que têm dinheiro em caixa, sob a forma de notas ou de depósitos à vista numa determinada moeda, pudessem perder tudo, essa seria uma perturbação relativamente pequena, quando comparada com a perda geral ou com o cancelamento de todos os créditos contra terceiros, expressos naquela moeda. A estrutura de contratos a longo prazo não seria afetada e os indivíduos preservariam seus investimentos em títulos, hipotecas e formas similares de haveres, mesmo que pudessem perder todo seu dinheiro em caixa se tivessem tido a infelicidade de usar a moeda de um banco que tivesse fracassado. Uma carteira de títulos e outros ativos a longo prazo poderia ser um investimento muito seguro, mesmo que alguns emissores de moeda ficassem insolventes e suas notas e depósitos perdessem o valor. Os ativos totalmente líquidos ainda implicariam em um risco; mas existirá quem queira – a não ser talvez temporariamente – manter todos os seus bens sob forma muito líquida? Jamais poderia ocorrer o total desaparecimento de qualquer débito normal ou a total eliminação de todas as obrigações monetárias – que é o efeito final de todas as grandes inflações. Muito antes que isso pudesse acontecer, todos teriam abandonado a unidade depreciada e nenhum compromisso antigo poderia ser saldado em termos dela.

Nova estrutura legal para a atividade bancária

Embora os governos não devessem interferir na marcha dos acontecimentos através de quaisquer tentativas conscientes de controle (isto é, de quaisquer atos intervencionistas no sentido restrito do termo), fica bastante claro que são necessárias novas regras para fornecer uma estrutura legal adequada a partir da qual as novas práticas bancárias poderiam desenvolver-se com sucesso. Entretanto, parece ser muito duvidoso que esta evolução possa ser auxiliada pela adoção imediata e geral dessas regras, através de tratados internacionais, impedindo-se assim a alternativa do ajustamento espontâneo.

É difícil prever quanto tempo levaria para que alguns países não mais desejassem ter, por motivos puramente nacionalistas ou de prestígio, uma moeda própria, e para que o governo cessasse de enganar o público alegando estar havendo uma indevida restrição a seu poder soberano[91]. O sistema como um todo, sem dúvida, é totalmente incompatível com quaisquer tentativas de assumir poderes totalitários de qualquer tipo.

[91] Realmente, o dia do triunfo total do novo sistema teria chegado quando os governos começassem a preferir receber impostos em moedas diferentes daquela que eles emitem!

Capítulo 25

Conclusões

A abolição do monopólio governamental sobre o dinheiro foi concebida para impedir as crises agudas de inflação e deflação que têm assolado o mundo nos últimos 60 anos. Num exame mais atento, essa abolição prova ser também a tão necessária cura para uma doença de raízes mais profundas: as ondas recorrentes de depressão e desemprego que têm sido retratadas como um defeito mortal inerente ao capitalismo.

Padrão ouro não é a solução

Pode-se esperar que o retorno ao padrão ouro ou a um tipo de regime de câmbio fixo evite as violentas oscilações no valor do dinheiro ocorridas nos últimos anos. Creio ainda que, *enquanto a administração do dinheiro estiver nas mãos do governo,* o padrão ouro, com todas as suas imperfeições, é o único sistema toleravelmente seguro. Mas nós certamente podemos fazer melhor do que isso, embora não através do governo. Independente da inegável verdade de que o padrão ouro também tem sérios defeitos, os adversários de tal movimento podem adequadamente mostrar que uma direção central da quantidade de dinheiro é, nas circunstâncias atuais, necessária para contrabalançar a instabilidade inerente ao sistema de crédito existente. No entanto, uma vez que se perceba que essa instabilidade inerente ao crédito é, em si mesma, um efeito da estrutura de depósitos bancários determinada pelo controle monopolista do fornecimento de moeda sonante em que os depósitos devem ser resgatados, essas objeções caem por terra. Se queremos que a livre iniciativa e a economia de mercado não pereçam (como até os que apoiam a economia chamada "economia mista" presumivelmente também desejam), não temos escolha senão substituir os sistemas de monopólio governamental sobre a moeda e a moeda de curso legal por uma livre competição entre bancos emitentes privados. O controle do dinheiro jamais esteve nas mãos de agências cuja *única* e *exclusiva* preocupação fosse dar ao público a moeda de sua preferência dentre os vários tipos oferecidos, e que, ao mesmo tempo, apostasse sua existência no preenchimento das expectativas que haviam criado.

Pode ser que, com a livre competição entre diferentes tipos de moeda, as moedas de ouro pudessem inicialmente atingir maior popularidade. Mas esse próprio fato, a crescente demanda por ouro, provavelmente conduziria a tal aumento do preço do ouro (e talvez também a oscilações tão violentas) que, embora pudesse ainda ser amplamente usado para entesouramento, esse metal logo deixaria de ser conveniente como a unidade para transações de negócios e contabilidade. Deveria haver certamente a mesma liberdade para seu uso, mas eu não esperaria que isso levasse à sua vitória sobre outras formas de dinheiro privadamente emitido, cuja demanda dependesse de fato de sua quantidade ser regulada com sucesso de forma a manter constante seu poder aquisitivo.

Precisamente o mesmo fato que hoje torna o ouro mais confiável do que o papel-moeda controlado pelo governo, ou seja, o fato de sua quantidade total não poder ser manipulada à vontade em função de metas políticas, a longo prazo faria com que ele parecesse inferior à moeda fiduciária por instituições concorrentes cuja atividade dependesse de que regulassem com sucesso a quantidade de suas emissões para manter aproximadamente constante o valor das unidades.

Um bom dinheiro só pode surgir do interesse próprio e não da benevolência

Sempre tivemos um mau dinheiro porque a empresa privada não teve permissão de nos fornecer um melhor. Num mundo dominado pela pressão de interesses organizados, a verdade importante a ter em mente é que não podemos contar com a inteligência ou a compreensão, mas apenas com o simples interesse próprio para nos fornecer as instituições de que precisamos. Bendito realmente seja o dia em que não mais será da benevolência governamental que teremos de esperar um bom dinheiro, mas do zelo dos bancos pelos seus próprios interesses.

"É dessa forma que obtemos uns dos outros a maior parte dos bons ofícios de que necessitamos"[92] – mas, infelizmente, ainda não há um dinheiro no qual realmente possamos confiar.

Não foi o "capitalismo", mas a intervenção do governo, o responsável pelas repetidas crises do passado[93]. O governo impediu a empresa privada de equipar-se com os instrumentos de que necessitava para se proteger do mau direcionamento de seus esforços provocado por um dinheiro não confiável, quando isso seria lucrativo para o fornecedor

[92] Adam Smith. (54), p.26.

[93] Tema repetidamente debatido por Ludwig von Mises (45- 47).

de dinheiro e benéfico para todos os outros. O reconhecimento dessa verdade torna claro que a reforma proposta não é simples tecnicismo de finanças, mas uma questão crucial que pode decidir o destino da civilização livre. O que é proposto aqui me parece a única forma cabível de completar a ordem de mercado e libertá-la de seu principal defeito e da causa das principais críticas dirigidas contra ela.

É VIÁVEL O PAPEL-MOEDA COMPETITIVO?

Não podemos, é claro, ter esperanças de ver essa reforma realizada antes que o público compreenda o que está em jogo e o que tem a ganhar. Mas aqueles que consideram a proposta inteiramente impraticável e utópica devem lembrar-se de que, há 200 anos, em *A riqueza das nações*, Adam Smith escreveu que

> esperar, realmente, que a liberdade de comércio seja algum dia inteiramente restaurada na Grã-Bretanha é tão absurdo quanto esperar que uma Oceana ou uma Utopia sejam algum dia aqui estabelecidas[94].

Não se haviam passado ainda 90 anos da data da publicação de seu trabalho, em 1776, e a Grã-Bretanha já se tornava o primeiro país a estabelecer o total livre comércio, em 1860. E a ideia havia pegado rápido: não fosse a reação política causada pela Revolução Francesa e pelas Guerras Napoleônicas, sem dúvida teria entrado em efeito muito mais cedo. Só em 1819 é que teve início um efetivo movimento para educar o público em geral a respeito desses assuntos. Esse movimento se deveu, afinal, aos devotados esforços de uns poucos que se dedicaram a divulgar a mensagem em prol de um Movimento de Livre Comércio, e aquilo que Smith denominou "o insolente ultraje dos monopolistas furiosos e decepcionados" foi superado[95],[96].

---

[94] (54), p.471. Vale a pena ler, em relação ao tema presente, todo o parágrafo, que começa com a frase citada e que termina com a frase citada adiante.

[95] Um crítico da Primeira Edição desse ensaio (John Porteous, *New Statesman*, 14 de janeiro, 1977) observou com sensibilidade: "Teria parecido impensável, há 400 anos, que os governos algum dia abandonassem o controle sobre a crença religiosa".

[96] Foi dito que minha sugestão de "construir" instituições monetárias totalmente novas está em conflito com minha atitude filosófica geral. Mas nada está mais longe de meu pensamento do que qualquer desejo de projetar novas instituições. O que proponho é simplesmente remover os obstáculos existentes que há eras impedem a evolução de instituições monetárias adequadas. Nosso sistema monetário e bancário é o produto de restrições nocivas impostas pelos governos para aumentar seus poderes. Certamente não são instituições das quais se possa dizer que tenham sido testadas e aprovadas, uma vez que o povo não teve permissão de testar qualquer outra alternativa.
Para justificar a demanda de liberdade de desenvolvimento nesse campo foi necessário explicar que consequências provavelmente resultariam da concessão dessa liberdade. Mas o que se pode prever é necessariamente limitado. É um dos grandes méritos da liberdade encorajar novas invenções, que são, em sua própria natureza, imprevisíveis. Espero que a evolução seja muito mais inventiva do que eu jamais

Temo que – desde que a propaganda "keynesiana" se infiltrou nas massas, tornando a inflação digna de respeito e fornecendo aos agitadores argumentos que os políticos profissionais são incapazes de refutar – a única maneira de impedir que uma inflação contínua acabe por nos levar a uma economia controlada e dirigida – e, portanto, em última instância, a única maneira de salvar a civilização – seja privar os governos de seu poder sobre a oferta de moeda[97].

"Movimento da moeda livre"

O que precisamos agora é de um Movimento pela Moeda Livre, comparável ao Movimento pelo Livre Comércio do século XIX, alertando não só para o mal causado pela inflação aguda – que poderia justificadamente ser considerado evitável, até mesmo com as atuais instituições – mas também para seus efeitos mais profundos provocados por períodos de estagnação que, na realidade, são inerentes ao presente sistema monetário.

A preocupação com a inflação atual é, como posso observar enquanto escrevo, muito rapidamente atenuada sempre que a taxa de inflação cai um pouco. Não tenho muita dúvida de que, na época em que essas linhas forem publicadas, haverá forte motivo para renovar esta preocupação (a não ser que, o que seria muito pior, a recorrência da inflação seja encoberta pelo controle de preços). Provavelmente, mesmo o novo *boom* inflacionário já iniciado terá novamente entrado em colapso. Mas será necessário que se tenha uma maior compreensão dos efeitos superficialmente imperceptíveis da inflação, para que se possa conseguir a abolição dos poderes nocivos do governo sobre o controle da moeda. Há, portanto, uma imensa tarefa educacional à nossa frente antes de que possamos ter a esperança de nos libertarmos da mais grave ameaça à paz social e à contínua prosperidade, inerente às instituições monetárias atuais.

---

poderia ser. Embora sejam as novas ideias pensamento de relativamente poucos que dão forma à evolução social, a diferença entre um sistema livre e outro regulado é precisamente a de que no primeiro são as pessoas que têm as melhores ideias que determinarão o desenvolvimento, já que elas serão imitadas, enquanto no segundo somente as ideias e os desejos daqueles que têm o poder determinam a evolução. A liberdade sempre traz riscos. Tudo que posso dizer é que, se eu fosse responsável pelo destino de um país caro a mim, eu de bom grado assumiria esse risco no campo que venho analisando aqui.

[97] A experiência recente também sugere que no futuro os governos poderão estar expostos a pressões internacionais para adotar políticas monetárias que, embora nocivas para seus próprios cidadãos, supostamente ajudarão algum outro país, e só serão capazes de escapar dessas pressões despojando-se tanto do poder como da responsabilidade de controlar o estoque de moeda. Já atingimos um estágio cm que os países que tiveram sucesso em reduzir a taxa anual de *inflação* para S por cento são exortados por outros, que luxuriosamente continuam a manter uma taxa de inflação de 15 por cento ao ano, auxiliem-nos por meio da "reflação".

Será indispensável que o problema e a urgente necessidade de reforma venham a ser amplamente entendidos. A questão não é tal que, como poderá parecer de início ao leigo, seja apenas a preocupação de uma minoria formada por técnicos de um sistema financeiro que ele jamais compreendeu. Refere-se à única maneira pela qual podemos ainda ter esperanças de deter a contínua marcha de todos os governos em direção ao totalitarismo, que já parece inevitável a muitos observadores perspicazes. Gostaria de poder aconselhar que procedêssemos lentamente. Mas o tempo é escasso. O que é agora urgentemente necessário não é a construção de um novo sistema, mas a pronta remoção de todos os obstáculos legais que por dois mil anos bloquearam o caminho de uma evolução que sem dúvida fornecerá resultados benéficos que não podemos prever agora.

Apêndice

A destruição do papel – moeda, 1950-1975

País	Declínio percentual do poder aquisitivo	Aumento percentual do custo de vida	Aumento percentual do valor no câmbio livre ou mercado negro*
Chile	99	11.318.874	-99
Uruguai	99	323.173	-99
Argentina	99	196.675	-99
Brasil	99	61.000	-99
Bolívia	99	50.792	-99
Coréia do Sul	99	37.935	-47
Vietnam	99	n.a.	n.a.
Paraguai	97	3.058	-86
Islândia	95	1.789	-91
Israel	94	1.684	-93
Colômbia	93	1.262	-91
Turquia	91	997	-77
Peru	90	907	-78
Iugoslávia	90	870	-75
Taiwan	89	848	-73
Gana	85	587	-63
Espanha	82	466	-16
México	80	404	-31
Finlândia	79	374	+ 29
Irlanda	78	363	-23
Japão	78	362	+ 39
Reino Unido	78	345	-20
Grécia	76	314	-51
França	75	305	-13
Dinamarca	74	282	+ 56
Portugal	74	279	-26
Índia	73	275	-41
Noruega	73	272	+ 73
Filipinas	73	272	-59
Irã	73	271	-22
Sudão	73	270	n.a.

País	Declínio percentual do poder aquisitivo	Aumento percentual do custo de vida	Aumento percentual do valor no câmbio livre ou mercado negro*
Equador	73	267	-29
Nova Zelândia	73	266	-19
Austrália	73	265	+ 30
Suécia	72	261	+ 38
Burma	72	257	n.a.
Itália	72	253	-6
Áustria	71	243	+ 71
Países Baixos	68	216	+ 52
Costa Rica	67	207	-6
Tailândia	67	207	+4
África do Sul	67	204	-16
Síria	66	191	-6
Tunísia	62	160	n.a.
Bélgica	61	155	+ 26
Canadá	59	142	+ 3
República Dominicana	58	136	-22
Suíça	57	133	+ 63
Estados Unidos	57	131	-75**
El Salvador	57	130	-17
Alemanha Ocidental	53	115	+ 110
Egito	52	107	-41
Sri Lanka	51	103	-61
Iraque	49	95	+ 11
Malásia	47	87	+ 39
Venezuela	45	82	-22
Guatemala	44	77	—
Panamá	40	66	—

*Em função do dólar americano.
**Depreciação em termos do ouro, baseado em US$ 141,00 por onça de ouro ao preço do mercado livre no final de 1975 vs. US$ 35,00 como preço oficial em 1950.
Fonte: Reproduzido com a permissão do autor e publicado com base no livro de Franz Pick, *Pick`s Currency Yearbook: 1976-1977 Edition,* Pick Publishing Corporation, New York, 1977.

Referências Bibliográficas

(Inclusive algumas obras relevantes que não foram explicitamente referidas no texto).

Para fins de reimpressão e tradução, as chaves indicam o ano da publicação original, mas as páginas de referência correspondem à última publicação.

(1) Archibald Alison, *History of Europe,* vol. I, Londres, 1833.

(2) Joseph Aschheim e Y. S. Park, *Artificial Currency Units: The Formation of Functional Currency Areas,* Essays *in* International Finance, No. 114, Princeton, 1976.

(3) Walter Bagehot, *Lombard Street* (1873), Kegan Paul, Londres, 1906.

(4) Paul Barth, *Die Philosophie der Geschichte ais Soziotogie,* 2[a] ed., Leipzig, 1915.

(5) Jean Bodin, *The Six Books ofa Commonweale* (1576), Londres, 1606.

(5a) Fernand Braudel, *Capitalism and the Material Life 1400-1800* (1967), Londres, 1973.

(6) S. P. Breckinridge, *Legal Tender,* University of Chicago Press, Chicago, 1903.

(7) C. Bresciani – Turroni, *The Economics of inflation* (1931), Allen & Unwin, Londres, 1937.

(7a) Henry Phelps Brown e Sheila V. Hopkins, 'Seven Centuries of the Prices of Consumables, compared with Builders' Wage-rates', *Economica,* novembro 1956.

(7b) Henry Phelps Brown e Sheila V. Hopkins, 'Builders' Wage-rates, Prices and Population: Some Further Evidence', *Economica,* fevereiro 1959.

(8) W. W. Carlile, *The Evolution of Modem Money,* Macmiilan, Londres, 1901.

(9) H. Cernuschi, *Mécanique de 1'échange,* Paris, 1865.

(10) H. Cernuschi, *Contre le billet de banques.* Paris, 1866.

(11) Cario M. Cipolla, *Money, Prices and Civilization in the Mediterranean World: Fifth to Seventeenth Century,* Gordian Press, Nova York, 1967.

(12) Lauchlin Currie, *The Supply and Control of Money in the United States,* Harvard University Press, Cambridge, Mass., 1934.

(12a) Raymond de Roover, *Gresham on Foreign Exchanges,* Cambridge, Mass., 1949.

(13) C. H. Douglas, *Social Credit* (1924), Omnie Publications, Hawthorn, Calif., 196

(14) Otto Eckstein, instability in the Private and Public Sector', *Swedish Journal of Economics*, 75/1, 1973.

(15) Wilhelm Endemann, *Studien in der Romanisch-kanonistischen Rechtstehre*, vol. II, Berlim. 1887.

(16) A. E. Feaveryear, *The Pound Slerling*, Oxford University Press, Londres, 1931.

(17) Lord Farrer, *Studies in Currency*, Londres, 1898.

(17a) F. W. Ferter, 'Some Neglected Aspects of Gresham's Law', *Quarterly Journal of Economics*, XLVI, 1931/2.

(18) Stanley Fischer, 'The Demand for Index Bonds', *Journal of Political Economy*, 83/3, 1975.

(18a) Ferdinand Fríedensburg, *Münzkunde und Geldgeschichte des Mittelalters und der Neuzeit*, Munique e Berlim, 1926.

(19) Milton Friedman, 'Commodity Reserve Currency' (1951), *in Essays in Positive Economics*, University of Chicago Press, Chicago, 1953.

(20) Milton Friedman, *A Program for Monetary Stability*, Fordham University Press, Nova York, 1960.

(20a) Milton Friedman, 'The Quantity Theory of Money: A Restatement', *in Studies in the Quantity Theory of Money*, Chicago, 1956.

(20b) Milton Friedman, *Monetary Correction*, Occasional Paper 41, Institute of Economic Affairs, Londres, 1974.

(21) Josef Garnier, *Traité théorique et praiique.au change et des opération de banque*. Paris, 1841.

(21a) Richard Gaettens, *Inflationen, Das Drama der Oehkntwertuhgen vom Altertum bis zur Gegenwart*, Munique, 1955.

(22) Silvio Gesell, *The Natural Economic Order* (1916), Peter Owen, Londres, 1958.

(22a) Herbert Giersch, 'On the Desirable Degree of Flexibility of Exchange Rates', *Weltwirtschaftliches Archiv*, CIX, 1973.

(23) H. Grote, *Die Geldlehre*, Leipzig, 1865.

(23a) R. F. Harrod, *The Life of John Maynard Keynes*, Londres, 1951.

(24) F.A. Hayek, *Prices and Production*, Routledge, Londres, 1931.

(25) F.A. Hayek, *Monetary Theory and the Trade Cycle* (1929), Jonathan Cape, Londres, 1933.

(26) F.A. Hayek, 'Über "Neutrales Geld" ', *Zeitschrift für Nationalökonomie*, 4/5,1933.

(27) F.A. Hayek, *Monetary Nationalism and International Stability*, The

Graduate School of International Studies, Genebra, 1937

(28) F.A. Hayek, *The Road to Serfdom,* Routledge, Londres e Chicago, 1944.

(29) F.A. Hayek, *The Constitution of Liberty.* Routledge & Kegan Paul, Londres e Chicago, 1960.

(30) F.A. Hayek, *Studies in Philosophy, Politics and Economics,* Routledge & Kegan Paul, Londres e Chicago, 1967.

(31) F.A. Hayek, *Choice in Currency,* Occasional Paper 48, Institute of Economic Affairs, Londres, 1976.

(31a) F.A. Hayek, *Law, Legislation and Liberty,* Routledge & Kegan Paul e University of Chicago Press, Londres e Chicago, vol. I, 1973, vol. II, 1976, vol. III, 1979.

(31b) Karl Helfferich, 'Die geschichtliche Entwicklung der Münzsysteme', *Jahrbücherfür Nationalökonomie,* 3.f. IX (LXIV), 1895.

(32) Marianne von Herzfeld, 'DieGeschichtcais Funklion der Gcldwcrtbewegungen' *Archiv für Sozialwissenschafi und Sozialpolitik,* 56/3, 1926.

(33) J. R. Hicks, 'A Suggestion for Simplifying the Theory of Money', *Economica,* Fevereiro 1935.

(34) W. S. Jevons, *Money and the Mechanism of Exchange,* Kegan Paul, Londres, 1875.

(34a) H. G. Johnson, *Essays in Monetary Economics* (1967), 2ª Ed., Londres, 1969.

(34b) H. G. Johnson, *Further Essays in Monetary Economics,* Londres, 1972.

(34c) H. G. Johnson and A. K. Swoboda (eds.), *The Economics of Common Currencies,* Londres, 1973.

(34d) Robert A. Jones, 'The Origin and Development of Media of Exchange', *Journal of Political Economy,* LXXXIV, 1976.

(35) Benjamin Klein, 'The Competitive Supply of Money', *Journal of Money, Credit and Banking,* VI, novembro 1975.

(35a) Benjamin Klein, 'Competing Moneys: Comment', *Journal of Money, Credit and Banking,* 1975.

(36) G. F. Knapp, *The State Theory of Money* (1905), Macmillan, Londres, 1924.

(37) Axel Leijonhufvud, *On Keynesian Economics and the Economics of Keynes,* Oxford University Press, Nova York e Londres, 1968.

(37a) Wilhelm Lexis, 'Bermerkunger über Paralellgeld und Sortengeld', *Jahrbücher für Nationalökonomie,* 3.f.IX (LXIV), 1895.

(37b) Thelma Liesner & Mervyn A. King (eds.), *Indexing for lnflation,* Londres, 1975.

(37c) R. G. Lipsey, 'Does Money Always Depreciate?' Loyds Bank Review, 58, outubro 1960.

(38) S. J. Loyd (Lord Overstone), *Further Reflections on the State of the Currency and the Action of the Bank of England,* Londres, 1837.

(39) Fritz Machlup, 'Euro-Dollar Creation: A Mystery Story', *Banca Nazionale del Lavoro Quarterly Review,* 94, 1970, Princeton, dezembro 1970.

(40) R. I. McKinnon, 'Optimum Currency Areas', *American Economic Review,* 53/4, 1963.

(41) F. A. Mann, *The Legal Aspects of Money,* 3? Ed., Oxford University Press, Londres, 1971.

(42) Arthur W. Marget, *The Theory of Prices,* 2 vols., Prentice-Hall, Nova York e Londres, 1938 e1942.

(42a) A. James Meigs, *Money Matters,* Haper & Row, Nova York, 1972.

(43) Carl Menger, *Principles of Economics* (1871), The Free Press, Glencoc, 111., 1950.

(43a) Carl Menger, 'Geld' (1892), *Collected Works of Carl Menger,* London School of Eco-nomics, Londres, 1934.

(44) Henry Meulen, *Free Banking,* 2[a] Ed. Macmillan, Londres, 1934.

(44a) Fritz W. Meyer and Alfred Schüller, *Spontane Ordnungen in der Geldwirlschaft und das Inflations problem,* Tübingen, 1976.

(45) Ludwig von Mises, *The Theory of Money and Credit* (1912), Jonathan Cape, Londres, 1952.

(46) Ludwig von Mises, *Geldwertstabilisierung und Konjunklur-politik,* Iena, 1928.

(47) Ludwig von Mises, *Human Action,* William Hodge, Edimburgo, 1949; Henry Regnery, Chicago, 1966.

(47a) E. Victor Morgan, *A History of Money* (1965), Penguin Books, Hardmondsworth, 1969.

(48) Robert A. Mundell, 'The International Equilibrium', *Kyklos,* 14, 1961.

(49) Robert A. Mundell, 'A Theory of Optimum Currency Areas', *American Economic Review,* 51, setembro 1963.

(49a) W. T. Newlyn, 'The Supply of Money and Its Content', *Economic Journal,* LXX1V, 1964.

(50) Arthur Nussbaum, *Money in lhe Law, National and International,* Foundation Press, Brooklyn, 1950.

(50a) Karl Olivecrona, *The Problem of the Monetary Unit,* Estocolmo, 1957.

(50b) Franz Pick e René Sedillot, *All the Moneys of the World. A Chronicle of Currency Values,* Pick Publishing Corporation, Nova York, 1971.

(50c) Henri Pirenne, *La civilisation occidentale au Moyen Âgedu Milieu du XV siècle*, Paris, 1933.

(51) H. Rittershausen, *Der Neubau des deutschen Kredit-Systems*, Berlin, 1932.

(51a) Herbcrt Rittmann, *Deutsche Geldgeschichte 1484-1914*, Munique, 197

(52) Murray N. Rothbard, *What has Government Done to Our Money?*, Rampart College Publications, Santa Anna, Calif., 1974.

(53) Gasparo Scaruffi, *L Alitinonfo per far ragione e concordando d'oro e d'argento*, Reggio, 1582.

(53a) W. A. Shaw, *The History of Currency 12S2-1894*, Londres, 1894.

(54) Adam Smith, *An Inquiry into the Nature and Causes of the Wealth of Nations* (1776), Glasgow ed. Oxford University Press, Londres, 1976.

(55) Vera C. Smith, *Rationale of Central Banking*, P.S. King, Londres, 1936.

(56) Werner Sombart, *Der modern Kapitalismus*, vol. 11, 2 [a] Ed. Munique e Leipzig, 1916/17.

(57) Herbert Spencer, *Social Statics* (1850), Williams & Norgate, Londres, 1902.

(58) Wolfgang Stützel, *Über unsere Wãhrungsverfassung*, Tübingen, 1975.

(58a) Brian Summers, 'Private Coinage in America', *The Freeman*, Julho 1976.

(58b) Earl A. Thompson, 'The Theory of Money and Income Consistent with Orthodox Value Theory', *in P.A.* Samuelsone G. Horwich, *Trade, Stability and Macro-economics. Essays in Honor of Lloyd Metzler*, Academic Press, Nova York e Londres, 1974.

(59) Gordon Tullock, 'Paper Money — A Cycle in Cathay', *Economic History Review*, IX/3, 1956.

(60) Gordon Tullock, 'Competing Moneys', *Money Credit and Banking*, 1976.

(61) Roland Vaubel, 'Plans for a European Parallel Currency and SDR Reform', *Weitwirtschaftliches Archiv*, 110/2, 1974.

(61a) Roland Vaubel, 'Freier Wettbewerb zwischen Währungen', *Wirtschaftsdienst*, agosto 1976.

(62) Willem Vissering, *On Chinese Currency, Coin and Paper Money*, Leiden, 1877.

(63) Knut Wicksell, *Geldzins und Güterpreise*, Iena, 1898.

(64) Knut Wicksell, *Vorlesungen über Nationalökonomie* (1922), English Edition, *Lectures on Political Economy*, vol. II: *Money*, Routledge, 1935.

(64a) Leland B. Yeager, 'Essential Properties of the Medium of Exchange", *Kyklos*, 21,1968.